reinhardt

Ulla Beushausen

# Sicher und frei reden

Sprechängste erfolgreich abbauen –
Trainingsprogramm mit 6 Bausteinen

3., durchgesehene Auflage
Mit 16 Abbildungen und zahlreichen Übungen

Ernst Reinhardt Verlag München Basel

Prof. Dr. *Ulla Beushausen*, Psycholinguistin, Logopädin; Verhaltens- und Kommunikationstrainerin; lehrt Logopädie an der Hochschule für angewandte Wissenschaft und Kunst Hildesheim/Holzminden/Göttingen, eigene Praxis in Nürnberg. Net: www.sicher-reden.de

Bibliografische Information der Deutschen Bibliothek

Die Deutsche Bibliothek verzeichnet diese Publikation in der Deutschen Nationalbibliografie; detaillierte bibliografische Daten sind im Internet über <http://dnb.ddb.de> abrufbar.
ISBN 978-3-497-02452-0 (Print)
ISBN 978-3-497-60151-6 (E-Book)
3. Auflage

© 2014 by Ernst Reinhardt, GmbH & Co KG, Verlag, München

Printed in Germany
Cover unter Verwendung eines Fotos von © Werner Dreblow – Fotolia.com
Satz: ew print & medien service gmbh, Würzburg

Ernst Reinhardt Verlag, Kemnatenstr. 46, D-80639 München
Net: www.reinhardt-verlag.de  Mail: info@reinhardt-verlag.de

# Inhalt

# Vorwort

Wer kennt es nicht, das Herzklopfen vor dem ersten Satz? Der eine wird erst bei 100 Zuhörern nervös, beim anderen genügt es schon, wenn der Chef ihn sprechen möchte.

Die meisten Menschen haben Probleme, in der Öffentlichkeit angstfrei zu reden. Diese Aufregung führt zu den bekannten körperlichen Reaktionen: Die Stimme wird hoch und zittrig, die Atmung schneller und flacher, manch einer beginnt zu schwitzen oder zu zittern, verliert den Faden oder verspricht sich häufig. Dauert dieser unangenehme Zustand an, beginnen die Gedanken um die Angst zu kreisen anstatt sich auf den Inhalt zu konzentrieren. Vermeidungsverhalten setzt ein und schließlich nimmt die Fähigkeit, sich gut auszudrücken durch fehlende Routine mit der Zeit ab.

Sprechen, das heißt: sich zu informieren, miteinander zu reden und sich mitzuteilen. Dies sind wesentliche Vorgänge im zwischenmenschlichen Kontakt. Wer Kritik, seine Einstellungen und Gedanken nicht äußert, Gespräche vermeidet, in den alltäglichen Sprechsituationen nicht mithält, wird von seiner Umwelt nicht verstanden, setzt sich nicht durch und wird schließlich falsch beurteilt. In Beruf und Bildung werden die persönlichen Fähigkeiten auch an der sprachlichen Mitteilung gemessen. Eine Rede oder ein Referat, die bzw. das trotz guter Vorbereitung nicht den eigenen Fähigkeiten entsprechend präsentiert wird, wirken wenig überzeugend. Denn: Richtiges setzt sich in der Welt nicht allein deshalb durch, weil es richtig ist, es muss unseren Mitmenschen auch richtig erklärt werden.

Als sehr wirksam gegen Sprechängste hat sich das Training *Sicher Reden* erwiesen. Es ist in langjähriger Erfahrung im Umgang mit Sprechangst entstanden und in einer Studie wissenschaftlich überprüft worden (Beushausen 1996). Ein solches Training bietet die Gelegenheit, die eigenen Sprechgewohnheiten zu verbessern, eine effektive Stressbewältigung für den Alltag zu entwickeln und wichtige Sprechsituationen sicher zu meistern. Dass es sich dabei nicht um kurzfristige Erfolge handelt, zeigten Untersuchungen nach sechs Wochen und einem Jahr: Sprechangst scheint verlernbar zu sein. Häufige Problembeschreibungen, die bei meinen Teilnehmern zum Besuch eines Seminars führen, sind das Unvermögen,

- im Schul-, Uni- oder Arbeitsbereich Fragen zu stellen oder zu beantworten,
- Smalltalk zu machen oder soziale Konversationen zu führen,
- an Gruppenaktivitäten teilzunehmen,
- sich mit Autoritätspersonen zu unterhalten,
- einen zusammenhängenden Vortrag in der Öffentlichkeit zu halten,
- sich seinen Fähigkeiten entsprechend zu präsentieren.

**Durch Training zum Erfolg:** Bevor Sie weiterlesen, sollten Sie wissen, dass Sie mit dem Problem Sprechangst nicht allein dastehen. Die Zahl der Anmeldungen zu den Seminaren übersteigt bei weitem das Angebot an freien Plätzen. Das Phänomen betrifft Frauen und Männer gleichermaßen und zieht sich durch alle Berufsgruppen: von Auszubildenden und Studierenden über Führungskräfte des oberen Managements bis hin zu Berufssprechern aus Funk und Fernsehen.

Für alle diejenigen, die eine Anleitung zur Selbsthilfe suchen, sich auf ein Gruppenseminar vorbereiten oder danach aktiv weiterarbeiten wollen, ist dieses Buch gedacht. Was Sie zum Training mitbringen müssen? Dasselbe, was sie zum Erlernen jeder neuen Sportart benötigen:

- Veränderungswillen und
- Ausdauer, regelmäßig zu trainieren.

Aber im Unterschied zu manchen Sportarten, für die ein gewisses Talent erforderlich ist, kann *jeder* lernen, sicherer zu reden.

Das Buch vermittelt Ihnen in den ersten Kapiteln psychologisches Wissen über Sprechangst allgemein. Eingestreut sind immer wieder Übungen und Fragebögen, die Ihnen Erkenntnisse ermöglichen über Ihre ganz persönliche Angstsituation, über Ihre speziellen Auslöser und Ursachen. Nehmen Sie sich Zeit für diese Übungen. Je größer Ihr Wissen über Ihre Sprechangst ist, desto verständlicher und kontrollierbarer wird das zunächst diffuse und überwältigende Angstgeschehen. Oft vermindert sich die Angst allein dadurch beträchtlich! Ab Kapitel fünf lernen Sie in sechs Trainingsbausteinen wirkungsvolle Strategien gegen Sprechängste kennen. Das letzte Kapitel ist schließlich eine Anleitung zum Training im Alltag. Denn das Umsetzen in die Praxis ist das Entscheidende. „Nicht nur lesen, sondern leben", lautet die Devise.

Zu guter Letzt sei noch gesagt, dass es sich um ein Training handelt, nicht um eine Therapieform. Das heißt, dass Sie schwerpunktmäßig an der Änderung ihres *derzeitigen* sprechängstlichen *Verhaltens* arbeiten werden, unter dem Sie gerade im Alltag leiden. Denn Sie können sich hier und heute für eine Veränderung Ihrer bisherigen Gewohnheiten entscheiden.

*Und nun geht's los!*
*Jetzt!*

Nürnberg, Oktober 2013                              Ulla Beushausen

# 1    Was ist Sprechangst?

Katrin M. sitzt in einer Arbeitsgruppe für Marktforschung. Soeben wurde bekannt gegeben, dass jeder Teilnehmer die Ergebnisse seiner Meinungsumfrage selbst darstellen soll. Während der ersten Vorträge sucht sie nach Ausreden und Ausweichmöglichkeiten, wie sie die Präsentation vermeiden könnte. Aber nichts kann die Situation abwenden. Die Kollegin, die vor ihr ist dran ist, beendet soeben ihren Vortrag. Jetzt gleich wird sie an der Reihe sein. Katrin M. steht auf und geht zum Flipchart. Sie spürt, wie ihre Atmung und ihr Herzschlag sich beschleunigen. Als sie den Stift aufschrauben will, um die Überschrift auf das Papier zu schreiben, rutschen ihre schweißnassen Hände von der Kappe ab. Hoffentlich hat es niemand bemerkt! Sie schreibt zitternd und krakelig einige Wörter an. Als sie leise zu sprechen beginnt, wird sie rot. Alle schauen sie an! Die Zahlen und Fakten ihrer Umfrage sind aus ihrem Gedächtnis wie weggeblasen.

Viele von uns haben ganz spezifische Ängste: Wir fürchten uns vor dem Fliegen oder der Dunkelheit oder irgendetwas anderem. Es gibt jedoch gewisse Dinge, die wir tun können, um mit unseren Ängsten zu leben. Wer sich vor der Höhe fürchtet, kann eine Wohnung im Erdgeschoss anmieten; wer sich vor Flugzeugen fürchtet, kann mit der Bahn fahren und wer sich vor der Dunkelheit fürchtet, kann nachts die Lichter anlassen. Doch was ist mit Menschen, die sich vor ihren Mitmenschen fürchten? Sprechängstliche, die dem Objekt ihrer Angst erfolgreich aus dem Wege gehen, verdammen sich selbst zu einem isolierten Leben. Dieser absurde und irrationale Charakter der Sprechangst ist es, der es uns besonders schwer macht, unsere Angst zu akzeptieren. Dabei kennen die meisten Menschen das Gefühl, aufgeregt zu sein, wenn sie vor oder mit anderen sprechen sollen. Beim einen ist es eine größere Gruppe, beim anderen sind es einzelne Gesprächspartner, die unangenehme Gefühle hervorrufen. Betroffene beschreiben ihre Angst meistens als abhängig von bestimmten *Situationen*, in denen sie erfahrungsgemäß immer wieder auftritt. Man könnte auch von einer „Sprechsituationsangst" reden. Solche Situationen kann man folgendermaßen einteilen:

- Sprechen vor Gruppen (z. B. Referate, Präsentationen, Reden halten)
- Gespräche mit Autoritätspersonen
- Gespräche mit bekannten oder mit unbekannten Personen
- Soziale Situationen (verbales Sich-Durchsetzen, Forderungen stellen und ablehnen, Kritik äußern, Gefühle äußern, Smalltalk etc.)
- Diskussionsbeiträge in Gruppen (Fachgruppen, Teams, Seminare etc.)

Ob wir nun von Redehemmungen, Lampenfieber, Publikumsangst, Redeangst, Aufgeregt sein oder Sprechangst reden wollen, all diese Begriffe bezeichnen dasselbe Phänomen. Eine psychologische Definition lautet:

> **Sprechängste** sind erlernte, flüchtig oder andauernd auftretende Befürchtungen und Sorgen, gefühlsmäßige oder körperliche Reaktionen auf vorgestellte oder tatsächlich zu vollziehende "Leistungen" (vortragen, vorsprechen, rezitieren, vorsingen, sich vorstellen, diskutieren usw.) vor einem imaginären oder realen Publikum.

DEFINITION

Wer diese von Haubl und Spitznagel (1983, 712) stammende Beschreibung genau liest, bleibt vielleicht an dem Wort „erlernt" hängen. Wenn wir gelernt haben, in bestimmten Situationen mit Angst zu reagieren, können wir dieses Verhalten auch wieder *ver*lernen. Interessant ist auch, dass schon ein nur vorgestelltes Publikum und eine Redeleistung, die bloß im Geiste stattfindet, dieselben Reaktionen hervorrufen kann wie anwesende Zuhörer bei einer echten Rede. Das bedeutet, dass unser Vorstellungsvermögen bei der Entstehung von Angst eine entscheidende Rolle spielt. Darin liegt einer der Schlüssel zum Angstabbau. Denn wenn ich in meiner Phantasie Angst hervorrufen kann, kann ich auf diesem Wege auch lernen, sie zu kontrollieren.

Aber auch die Umgangssprache kennt Sprechängste: Da haben wir „Muffensausen" oder „Bammel". Das Wort Angst stammt von einem indoeuropäischen Wortstamm, der übersetzt „eng" oder „bedrängend" bedeutet. Uns ist „bange", wir fühlen uns „beklommen" oder uns „geht die Düse" und wir „haben Schiss". Das sind weitere Anspielungen auf körperliche Gefühle und Vorgänge bei Angst.

Wer Sprechängste am eigenen Leibe erfährt, meint meistens, dies sei ein seltenes Phänomen. Dabei ist Sprechangst die am weitesten verbreitete Angst in der Bevölkerung – ca. 30% geben an, „mehr als

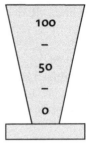

*Abb. 1: Angstmaß*

andere nervös beim Sprechen vor großem Publikum zu sein" oder „unvernünftig viel Angst beim öffentlichen Sprechen zu haben". Frauen berichten etwas mehr Redeängste als Männer, und in studentischen Stichproben fällt der Anteil der Redeängstlichen höher aus (Kriebel 2014). In einer eigenen Untersuchung bezeichneten sich mehr als 60% der schriftlich Befragten als mittel bis hochgradig sprechängstlich (Beushausen 1996).

Sind Sprechängste also normal? Und ab wann ist Sprechangst krankhaft? In der Psychologie wird Sprechangst als leichte Form von *Sozialangst* gewertet. Das Gemeinsame aller Varianten von sozialer Angst sind Beklemmungen in Gegenwart anderer Personen. Die extreme Ausprägung von Sprechangst, das heißt ihre „krankhafte" Form, wird als *Logophobie* bezeichnet und ist gekennzeichnet durch das konsequente Vermeiden von Situationen, die öffentliches Sprechen erfordern. Die Übergänge zwischen „ein bisschen aufgeregt sein" und einer Logophobie sind jedoch fließend und machen deshalb eine Abgrenzung schwierig.

Stellen Sie sich einmal vor, es gäbe ein Messgerät für Sprechangst. Eine Seite der Skala dieses Gerätes steht für keinerlei Angst beim Sprechen, die andere für übersteigerte Panik. Und zwischen diesen Polen finden Sie lauter feine Abstufungen für die Stärke Ihres Angstgefühls.

Nehmen Sie an, die Zahl 0 steht für gar keine, die Zahl 100 für sehr starke Sprechängste. Wo würden Sie sich zurzeit einordnen? (Abb. 1)

Generell gilt, je häufiger Sie Sprechsituationen vermeiden, je unangemessener Ihnen Ihre eigene Angst erscheint, je stärker Sie unter Ihrer Angst leiden, desto ausgeprägter ist Ihre Sprechangst. Beantworten Sie sich einmal in einer ruhigen Minute folgende Fragen:

ÜBUNG

### Leidensdruck

- Welche Situationen in Ihrem Leben vermeiden Sie?
- Wie stark ist Ihre Lebensqualität durch die Angst beeinträchtigt?
- Welche beruflichen oder privaten Einschränkungen erfahren Sie durch Ihre Angst?
- Wie stark leiden Sie unter Ihrer Angst?

Die Entscheidung, die Angst aktiv zu bewältigen, hängt davon ab, wie hoch Ihr Leidensdruck ist und wie stark Sie sich durch Ihr Vermeidungsverhalten in Ihrem beruflichen Fortkommen oder in Ihrem sozialen Ausdrucksvermögen beeinträchtigt fühlen. Der Gradmesser sind also Sie und Ihre Einschätzung sowie die Beeinträchtigung Ihrer Lebensqualität durch die Angst.

Manchmal reicht ein Selbsthilfeprogramm allein nicht aus, um Sprechängste in den Griff zu bekommen. Persönlichen, fachlichen (ärztlichen/psychologischen) Rat sollten Sie immer dann aufsuchen, wenn Sie

- ohne erkennbaren Grund von plötzlichen Panikattacken überfallen werden,
- zunehmend unter körperlichen Beschwerden wie Herzrasen, Herzrhythmusstörungen, Magenschmerzen etc. leiden,
- länger andauernde depressive Verstimmungen und körperliche Symptome, wie Schlafstörungen oder Müdigkeit, an sich bemerken,
- sich „logophobisch" verhalten, dass heißt, ein ausgeprägtes Vermeidungsverhalten an den Tag legen.

Diese Symptome weisen daraufhin, dass es sich um eine umfassendere Problematik handelt und nicht mehr um eine isolierte Sprechangst. Hier ist direkte therapeutische Hilfe erforderlich.

## Angst ist nicht gleich Angst

Der Wunsch vieler Sprechängstlicher, ihre Angst loszuwerden, um ganz ohne Aufregung sprechen zu können, ist verständlich, aber leider unrealistisch. Wenn Sie den Anspruch an sich haben, dass Sie überhaupt keine Angst mehr haben dürfen, setzen Sie sich selbst unter Druck und Sie verhalten sich kurzsichtig, denn ein Leben ohne Angst wäre biologisch gesehen sogar gefährlich. Angst ist unser Alarmsystem für Lebensbedrohungen und sichert somit unser Überleben. Je mehr Sie über die positiven Eigenschaften von Angst wissen, umso differenzierter können Sie mit dem Gespenst Sprechangst umgehen. Zu diesem Wissen zählt auch folgende Tatsache: Angst aktiviert uns und befähigt uns zu Höchstleistungen. Theaterpremieren sind u. a. deshalb so spannend und ihre Karten begehrt, weil die Schauspieler mit größerem Engagement und höherer Anspannung spielen als in der

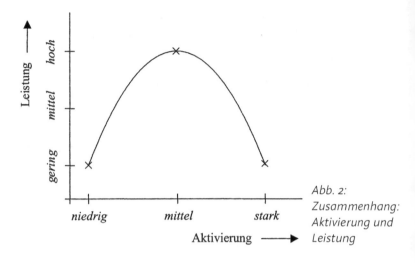

Abb. 2:
Zusammenhang:
Aktivierung und
Leistung

150igsten Vorstellung. Allerdings gibt es auch eine Kehrseite der Medaille: zu viel Angst wirkt hemmend und leistungsmindernd. In der Psychologie spricht man von einer *umgekehrt U-förmigen Beziehung* zwischen *Aktivierung (Angst) und Leistung* (Horwitz 2002). Wie das aussieht, zeigt Abbildung 2.

Die beste Sprechleistung finden wir bei einem Menschen mit einem mittleren Grad des Aktiviertseins. Auch dann gibt es vielleicht schon Anzeichen, wie sie bei leichter Sprechangst auftreten: z. B. eine bessere Durchblutung des Gesichts und eine höhere Muskelspannung. Sie werden aber vom Sprecher noch als *gespannt* und nicht als *angespannt* gewertet und behindern die sprachliche Leistung in keiner Weise. Im Gegenteil: Er ist motivierter und leistungsfähiger als ein Sprecher, der zu wenig aktiviert ist und wirkt dadurch überzeugender. Zu viel Anspannung dagegen kann die Ausdrucksfähigkeit und das Erinnerungsvermögen hemmen und zum gefürchteten „Blackout" führen.

Experimentell nachgewiesen wurde auch die Tatsache, dass die Aufregung/Aktivierung während einer Redesituation nicht gleichförmig verläuft. In den ersten drei bis vier Minuten ist sie am stärksten, um dann durch zunehmende Vertrautheit mit der Situation abzunehmen. Diesen *Gewöhnungseffekt* (Abb. 3) sollten Sie kennen, um unangenehme Situationen nicht zu früh zu beenden. Sie machen sonst nie die Erfahrung, dass auch Ihre Aufregung nachlässt und Sie vielleicht später ruhiger weitersprechen können.

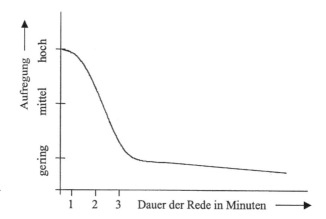

*Abb. 3:*
*Gewöhnungs-*
*effekt*

Sie sehen, Angst ist nicht gleich Angst. Deshalb ist es wichtig, Angst als Teil des Lebens zu akzeptieren und sie sich zuzugestehen. Im Gegenzug dazu soll das Gute an der Angst Sie nicht dazu verleiten, nun nichts mehr an Ihrem sprechängstlichen Verhalten ändern zu wollen. Denn gegen eine leistungshemmende, übermäßige Aktivierung kann man etwas unternehmen. Die Übungen sollen Ihnen helfen, Ihre Angst besser kennen zu lernen und Ihnen zeigen, welche Bewältigungsstrategien schon in Ihnen schlummern.

## Der Blick des Publikums

Es gibt Momente, in denen schon ein einfacher Blick Unbehagen auslösen kann, z.B. wenn man eine banale Handlung, wie einen Platz suchen, einparken, essen oder schreiben unter dem Blick der anderen ausführen muss. Diese Situationen müssen nicht unbedingt etwas mit sprechen zu tun haben, manch einer sitzt nicht gern direkt neben einem Redner, weil die Aufmerksamkeit des Publikums dort auf ihn gelenkt werden könnte. Das unangenehme Gefühl beim Beobachtetwerden gibt es auch im Tierreich: Der feste Blick ist ein Mittel zur Untermauerung der Dominanz. Das dominante Tier bringt das Rangniedere dazu, seine Augen niederzuschlagen. Verweigert Letzteres diese Geste, kommt es zu Aggression und Kampf. In überfüllten öffentlichen Verkehrsmitteln oder im Fahrstuhl senken wir den Blick, wenn wir nicht als unhöflich oder provokativ gelten wollen. Das Unwohlsein unter dem Blick der anderen ist also charakteristisch für

uns Menschen. Solche Situationen sind jedoch nur dann problema-
tisch, wenn wir anfangen, sie besonders zu fürchten und schließlich
zu vermeiden.

## „Im Mittelpunkt stehen"

Schaffen Sie bewusst Situationen, in denen Sie im Mittelpunkt der
Aufmerksamkeit stehen, aber nicht sprechen müssen. Bleiben Sie so
lange in der Situation, bis Sie sich daran gewöhnt haben, z. B.:

- Setzen Sie sich in der U-Bahn nicht hin, obwohl vielleicht noch
  Plätze frei wären. Bleiben Sie stehen und sehen Sie Ihre Mitfahrer
  der Reihe nach an.
- Stehen Sie im Kino oder Theater noch einmal auf, bevor die Vor-
  stellung anfängt, lassen Sie die Augen noch einmal suchend über
  die Reihen gleiten.
- Stehen Sie im Restaurant auf, um eine Zeitung, Salz, Zucker o. Ä.
  zu holen.
- Kommen Sie in die Vorlesung, ins Flugzeug etc. bewusst als einer
  der Letzten.
- Schauen Sie beim Friseur im Spiegel die anderen Kunden an.
- Wenn Sie zu einer Veranstaltung zu spät kommen, stellen Sie sich
  an einen Platz, der Sie gut sichtbar macht für die anderen. Sehen
  Sie sich im Raum um.
- Wenn Sie an Team- oder Seminartreffen teilnehmen, bleiben Sie
  stehen. Wenn die anderen sitzen, gehen Sie im Raum herum,
  öffnen Sie das Fenster.

**Ziel der Übung:** Sie erfahren den Gewöhnungseffekt, das heißt, dass
das anfänglich unangenehme Gefühl, im Mittelpunkt zu stehen,
schließlich nachlässt. Beachten Sie: Es ist nicht Sinn der Übung, andere zu stören, sondern Ihren Freiraum auszuschöpfen, aus der Masse
herauszuragen. Sie können es aushalten, im Mittelpunkt zu stehen!

So ?

Oder so ?

*Abb. 4: Urmensch trifft Bär*

## Änderungsmotivation

Bei einem Trainingsprogramm in Buchform ist die Eigenmotivation das Wichtigste, das Sie bei der Stange hält. Je höher der *Leidensdruck*, desto höher auch der innere Druck zur Veränderung. Dauerhaften Erfolg werden Sie jedoch erst dann verspüren, wenn Sie auch bei nachlassendem Leidensdruck und ersten Erfolgserlebnissen weiter üben, sodass die positiven Erfahrungen einen *Erfolgssog* entwickeln können, der Sie automatisch weiterzieht. Wie in Urzeiten unsere Vorfahren im Angesicht des wilden Bärs, können Sie sich nun entscheiden, weiterhin vor der Angst wegzulaufen oder sich ihr aktiv zu stellen (Abb. 4), um in den Genuss des Erfolgssogs zu gelangen.

Sich *aktiv* der Angst zu stellen, heißt dann auch, dass Sie sich selbstständig über die in den Übungen genannten Trainingssituationen hinaus neue Herausforderungen suchen sollten, die Angstgefühle auslösen werden. Nur in solchen Situationen können Sie neue Bewältigungsstrategien erproben, für den Alltag festigen und theoretisches Wissen in Handlungen umsetzten. Das *Tun* ist dabei wichtiger als die Theorie. „Action speaks louder than words.", lautet ein amerikanisches Sprichwort.

## Kosten und Nutzen von Sprechangst

Manchmal gibt es für Sie jedoch ganz konkrete Gründe, die gegen eine Verhaltensänderung sprechen. Unser ängstliches Verhalten birgt auch positive Anteile. So hat ein starkes Vermeidungsverhalten den Vorteil, uns viel Arbeit und Vorbereitungszeit für Vorträge und Referate und die Auseinandersetzung mit den eigenen Fähigkeiten zu ersparen. Es stellt in gewisser Weise einen Schutzmechanismus für uns dar, denn unsere wahren Fähigkeiten – unser sprecherisches Können, aber auch unsere Defizite – stehen so nie auf dem Prüfstand. „Zurückhaltend", „still", „bescheiden", das alles sind Beschreibungen für sprechängstliche Menschen mit positivem Beiklang. Die Angst lässt einen besonnen und selbstkritisch erscheinen, vorsichtig und behutsam. Vielleicht werden wir auch als gute Zuhörer von unseren weniger ängstlichen Mitmenschen geschätzt. Sprechangst ist oft eine Maske, hinter der wir Anonymität und Schutz davor erfahren, in der Menge aufzufallen oder Dinge zu tun, die wir eigentlich tun sollten.

ÜBUNG

### Ihre Motivation zur Veränderung

Nehmen Sie sich etwas Zeit und malen Sie sich vor Ihrem inneren Auge passende Situationen zu den folgenden Fragen zur Klärung Ihrer *Änderungsmotivation* aus. Wichtig dabei ist, dass Sie sich dabei selbst in diesen Situationen *sehen*:

- Was würden Sie konkret tun, wenn die Angst nicht so stark wäre?
- Was wäre dann anders?
- Welche *negativen* Auswirkungen gibt es, wenn die Angst nicht mehr da wäre?

Erstellen Sie anschließend eine *Kosten-Nutzen-Analyse* in Tabellenform. Die Tabelle auf S. 21 zeigt die Angaben eines meiner Klienten.

Sie sehen daraus, dass Sie sorgfältig abwägen müssen, ob und welche Vorteile es bringt, mit weniger Angst durchs Leben zu gehen. Was passiert, wenn der Nutzen der Angst plötzlich wegfällt? Überwiegen

| Kosten Meine Sprechangst bewirkt, dass ... | Nutzen Meine Sprechangst hilft mir dabei ... |
|---|---|
| ▪ ich kaum noch Kontakt zu anderen Menschen habe, ▪ ich von anderen oft negativ bewertet werde, z.B. für arrogant gehalten werde, ▪ ich im Beruf nicht die Position innehabe, die meinen Fähigkeiten entspricht, ▪ ich wenig Menschen kennen lerne, da ich nur schwer über mich reden kann, ▪ ich mich nicht traue, Fragen zu stellen und mir so viele interessante Informationen vorbehalten bleiben, ▪ ich immer mehr Situationen meide, ▪ ich mich angespannt, unzufrieden, isoliert und wertlos fühle, ▪ ich mein Wissen und meine Gefühle anderen nicht mitteilen kann. | ▪ mein Alleinsein und meine introvertierte Persönlichkeit zu rechtfertigen, ▪ Konflikte mit anderen zu vermeiden, ▪ bequem zu leben, denn Herausforderungen, die eventuell Energie und Durchsetzungsvermögen erfordern würden, vermeide ich, ▪ eine Erklärung für meine berufliche Stagnation zu finden, ▪ eine Ausrede zu finden, wenn ich Dinge, die ich ungern tue, vermeide, ▪ auf andere besonnen und selbstkritisch zu wirken, ▪ eine bequeme Art der Anonymität und des Schutzes zu erfahren. |

jedoch die Kosten und negativen Folgen eines ängstlichen Sprechverhaltens, sollten Sie schleunigst mit dem Training beginnen.

## Zirkuläres Fragen

Das so genannte *zirkuläre Fragen* führt dazu, dass wir ein Problem plötzlich aus einer anderen Perspektive wahrnehmen können. Das Hineinversetzen in die Sicht unserer Freunde, Partner und Verwandten bewirkt eine Erweiterung der Wahrnehmung auf Aspekte, die wir vielleicht bisher übersehen haben. Machen Sie sich eine Liste der Personen Ihres näheren Umfeldes, Ihres Verwandten- und Freundeskreises und beantworten Sie aus der Perspektive jeder einzelnen Person folgende Fragen:

ÜBUNG

## Zirkuläres Fragen

▨ Wie würde Person x,y,z bemerken, dass ich selbstsicherer geworden bin?
▨ Wie würde Person x,y,z darauf reagieren?
▨ Wie würde Person x,y,z meine Unsicherheit beschreiben?
▨ Wer würde es bedauern, wenn ich plötzlich selbstbewusster wäre?

## Wie äußert sich Sprechangst?

Sprechängste zeigen sich auf drei Ebenen: 1. in Körperreaktionen, 2. in besorgten Gedanken und inneren Sätzen und 3. in veränderten Verhaltensweisen, wie dem Sprechverhalten (Abb. 5).

**1. Körperliche Symptome:** Bei körperlicher Aktivierung unter Angst/ Sprechangst findet eine Reaktion des Organismus statt, bei der das sympathische System des vegetativen Nervensystems verstärkt die Botenstoffe Noradrenalin und Adrenalin freisetzt. Der Körper befindet sich dann in einem Zustand höchster Reaktions- und Leistungsbereitschaft (zur Flucht oder zum Kampf). In einer Sprechsituation wird nun aus der früheren Lebensbedrohung (z. B. durch den plötzlich auftauchenden Bär in grauer Vorzeit) eine soziale Bedrohung. Da wir in sozialen Umgebungen häufig weder weglaufen noch um uns schlagen können, ist Angst dort hinderlich, es kommt zum Stau – zur Überkonzentration – der Botenstoffe, die nicht schnell genug abgebaut werden können. Die typischen Folgen für den Körper sind:

*Abb. 5:*
*Symptome von Sprechangst*

- erhöhter Blutdruck,
- Pulsbeschleunigung,
- Schwitzen, Erröten,
- veränderte Atemfrequenz (Atemraum: Brust- und Schulter-bereich),
- erhöhte Spannung der Körpermuskulatur (besonders auch der Kehlkopf- und Gesichtsmuskulatur),
- veränderte Gedächtnis- und Wahrnehmungsfunktionen und
- Magen- und Darmbeschwerden.

Die Verdauung wird zunächst angeregt und dann heruntergeschraubt, sodass alle Energie in den Abbau des Adrenalins gesteckt werden kann. Der Organismus vollbringt dabei Höchstleistungen. Manch einer fühlt sich deshalb nach einer Rede so ausgepumpt wie nach einem Marathonlauf. Dabei empfindet jeder Sprechängstliche die einzelnen Symptome als unterschiedlich störend. Generell reagiert das *schwächste Organ* im Körper am Deutlichsten auf die Aktivierung. Dort zeigen sich die stärksten Sprechangstsymptome. Das kann z. B. die Atmung und der Kehlkopf, aber auch der Magen- und Darmtrakt sein.

Es gibt auch andere Situationen, die ähnliche körperliche Zeichen der Aktivierung hervorrufen, aber von uns nicht als „Sprechangst" bewertet werden. So kämen Sie wohl kaum auf die Idee, den beschleunigten Puls und die rote Gesichtsfarbe Ihrer soeben mit ihrem Herzenswunsch beschenkten Tochter oder Ihres gerade von einer ausgiebigen Joggingtour zurückgekehrten Sohnes als Angstsymptome zu interpretieren. Aktiviert fühlen wir uns also auch

- bei Gefühlen wie Überraschung, Freude, Scham oder Wut,
- nach körperlicher Anstrengung,
- bei Fieber und anderen Erkrankungen,
- als Folge von Medikamenten, Kaffee, Aufputschmitteln, Alkohol,
- in überhitzten oder unterkühlten Räumen,
- bei sexueller Erregung.

Die physiologischen Reaktionen allein machen die Angst somit noch nicht aus. Die Symptome werden erst durch die sie begleitenden *Gedanken* und *Interpretationen* zu Angstsymptomen. Durch unsere innere Bewertung wird ein rotes Gesicht zum Zeichen von körperlicher Betätigung oder von Unsicherheit. Wie sehen diese ständigen inneren Begleiter, auch *Kognitionen* genannt, im Einzelnen aus?

**2. Gedankliche Symptome:** Unsere Gedanken und Einschätzungen spielen eine wichtige Rolle bei der Entstehung von Sprechängsten. Befürchtungen in Bezug auf die eigene Leistung und eine negative Bewertung durch das Publikum sind dabei wichtige Angstsymptome auf dieser Ebene. Der Vorgang, der im Kopf eines Sprechenden abläuft, lässt sich folgendermaßen beschreiben:

- Die Situation wird als schwierig oder bedrohlich bewertet. (Z. B.: „Ich werde baden gehen, das schaffe ich nie.")
- Die Möglichkeiten zur erfolgreichen Situationsbewältigung werden als ungenügend und unwirksam eingeschätzt. („Ich bin schlecht vorbereitet, ich weiß nicht so viel darüber wie meine Zuhörer.")
- Der Sprecher beschäftigt sich gedanklich mit den unerwünschten Konsequenzen der eigenen Unzulänglichkeit. (Z. B.: Kritik und Blamage)
- Abwertende Vorurteile stören die gedankliche Auseinandersetzung mit der eigentlichen Redeaufgabe. (Z. B.: „Die hören mir doch eh nicht zu.")
- Die sprechende Person stellt sich schon im Vorfeld ihr eigenes Versagen und den Verlust ihres Ansehens vor. (Z. B.: schon Tage vorher beim Gedanken an eine Rede Angstsymptome spüren und sich im Geist ausmalen, was alles schief gehen wird.)

Diese inneren Bewertungen und Befürchtungen können *vor*, *während* und *nach* einer Sprechsituation auftreten. Besonders die Gedanken und Annahmen im Vorfeld einer Rede (so genannte *Antizipationen*) haben verheerende Folgen für das Gefühl der Sprechsicherheit. Häufige (negative) Vorannahmen über das Publikum sind z. B.: „Sie werden mich kritisieren.", „Sie werden meinen Vortrag zerfetzen.", „Sie greifen mich an, stellen mich bloß." usw. Sie können sich vorstellen, dass ein Redner mit solchen Gedanken vor einer Ansprache später nicht gerade brillant auftreten wird.

**3. Verhaltenssymptome:** Unangenehme Körpergefühle und negative Gedanken und Selbstgespräche werden sich schließlich auf das tatsächliche Verhalten eines Redners auswirken. Das Sprechverhalten verändert sich, sodass folgende äußere Symptome von Angst bei Sprechern in einer Redesituation beobachtet werden können:

| | |
|---|---|
| **Stimme:** | Stimmlage: zu hoch |
| | Lautstärke (Dynamik): zu leise |
| | Sprechmelodie: monoton, ausdruckslos, |
| | nicht sinngemäß |
| | Stimmklang: zittrig, gepresst |
| **Flüssigkeit:** | Wortfindung verzögert, Sprechblockaden, |
| | Sprechunflüssigkeiten (Versprecher, Stammeln, |
| | Stocken, Blackout) |
| | Pausen: unpassend |
| | Sprechtempo: schnell |
| **Atmung:** | gesteigerte Atemfrequenz, Luftschnappen, |
| | bevorzugter Atemraum: Schulter- und oberer |
| | Brustbereich |
| **Mund und Kehle:** | häufiges Räuspern, häufiges Schlucken |
| **Gesichtsausdruck:** | kein Blickkontakt, Augenrollen, gespannte |
| | Gesichtsmuskulatur, |
| | Grimassieren, Zuckungen, starrer |
| | Gesichtsausdruck |
| | stereotype Gesten (z. B.: Händereiben) |
| **Arme und Hände:** | angespannt und rigide, Zappeln, bewegungslos, |
| | steif, Zittern |
| **Körperbewegung:** | Füße scharren, Schwanken, Zittern, |
| | von einem Fuß auf den anderen treten, |
| | stereotype Kopfbewegungen |

Sprechangst kann schließlich zwei Verhaltenstendenzen hervorrufen: Die *Neigung zur Beschleunigung* und fieberhaften Betriebsamkeit oder die *Neigung zum Erstarren* und zur Verlangsamung. Woody Allen stellt in seinen Filmen oft Menschen des ersten Typus dar, die in Gesellschaft ihren Wortausstoß in spektakulärer Weise steigern und denen mit linkischen Gesten und fieberhaftem Verhalten eine Peinlichkeit nach der anderen unterläuft. Der zweite Typus, von mir auch *Echsenphänomen* genannt, beeinträchtigt die kommunikativen Fähigkeiten auf andere Art: Überlegen, Reden, Handeln – all das erfordert plötzlich eine riesenhafte Anstrengungen, eine bleierne Hülle liegt um die Person und der Betroffene zieht sich immer mehr in sich zurück. Fieberhafter Eifer und Erstarrung werden von Stressforschern so begründet: In einer Stress erzeugenden Situation versuchen wir entweder, um jeden Preis die Kontrolle zu behalten oder wir resignieren und lassen die Dinge über uns ergehen (Blöte et al. 2009).

Mit Hilfe der drei Symptomebenen: *Körper – Gedanken – Verhalten* können Sie das komplexe und diffuse Angstgeschehen besser durchdringen und herausfinden, auf welcher Symptomebene Sie besonders leiden. Sie können dann für diese Komponente gezielte Bewältigungsstrategien ausprobieren und trainieren. Beispielsweise können Sie Ihre sprecherischen Fertigkeiten steigern, wenn Sie zu dem Schluss kommen, dass Sie dort Defizite haben oder auch mit gezielter Atemtechnik den körperlichen Symptomen der Sprechangst zu Leibe rücken. Tatsächlich führt eine Veränderung eines Bereichs immer auch zu Veränderungen auf den anderen Ebenen.

**ÜBUNG**

## Symptome

Lassen Sie einmal in allen Einzelheiten vor Ihrem inneren Auge eine Sprechsituation aus der Vergangenheit ablaufen, in der Sie Sprechangst empfanden:

- Wie fühlte sich Ihr Körper an?
- Was ging Ihnen *vor*, *während* und *nach* dem Sprechen durch den Kopf?
- Wie war Ihr Sprechverhalten?

Notieren Sie sich Ihre Symptome zu den drei Ebenen: *Körper – Gedanken – Verhalten* und suchen Sie diejenige, auf der Sie die störendsten Veränderungen bemerken, heraus. Ab Kapitel 5 finden sie dann entsprechende Techniken zur Angstreduktion für jede der Symptomebenen.

## Welche Ursachen hat Sprechangst?

Viele Betroffene fragen sich verzweifelt, wo ihre Ängste herkommen. Die psychologische Forschung liefert verschiedene Erklärungen für Sprechangst. *Biologische Faktoren* können dabei eine Rolle spielen. Vertreter dieser Richtung gehen davon aus, dass Sprechangst ein er-

erbter Charakterzug ist, wie z. B. die Körpergröße oder die Haarfarbe. Sprechangst ist ein *erlerntes Verhaltensmuster*, glauben dagegen einige Verhaltensforscher – die Behavioristen. Sie betonen den Einfluss sprachlicher Modelle und sprechen von Defiziten in der kindlichen Entwicklung sprecherischer Fähigkeiten. Auch *innerpsychische Konflikte* können zur Entstehung von Ängsten beitragen. Psychoanalytische Modelle favorisieren eine solche Erklärungsweise. Sprechängste werden dabei als Hemmung des Bedürfnisses nach Selbstdarstellung gesehen. Und schließlich wirkt auch unser *soziales Umfeld* auf uns ein, sodass Sprechängste von Soziologen als Folge der Gesellschaft, in der wir leben, interpretiert werden. Auch werden *prägende Ereignisse* im Laufe eines Lebens, die eventuell traumatisierend wirkten, als Auslöser für Sprechangst angesehen.

Die Ursachen für die verschiedenen Formen von Sprechangst sind also außerordentlich komplex. Wie bei den meisten psychischen Problemen greifen Angeborenes und Erworbenes quasi unentwirrbar ineinander. Man spricht von *mulifaktoriellen Störungen.* Die individuelle Biographie einer Person, eventuell ererbte Neigungen und soziologische Prägungen können im Einzelfall unterschiedlich stark wirken und zu ganz verschiedenen Ausprägungen der Angst führen. Wie unterschiedlich Sprechängste sich darstellen, zeigen die im folgenden Text eingestreuten Beispiele meiner Seminarteilnehmer.

## Erworbenes Verhalten

Jedes Kind versucht mit seiner Umwelt sprachlich in Kontakt zu treten. Sind diese Versuche erwünscht und werden verstärkt, entwickelt sich Selbstvertrauen in die eigenen sprachlichen Fähigkeiten. Unterstützt die Umwelt das Kind jedoch nicht in seinen Anstrengungen, reagiert sie gar mit Missbilligung, Kritik oder Strafe, wird das Kind in Zukunft ähnliche Situationen vermeiden und Sprechängste können sich entwickeln. Solche Erfahrungen der frühen Kindheit werden schließlich als „innerer Zeigefinger" verinnerlicht, später bei der Selbsteinschätzung von Verhalten herangezogen und führen zu Gedanken des Selbstzweifels, der eigenen Unzulänglichkeit und Selbstbeschuldigungen. Untersuchungen zeigen, dass Sprechängstliche dazu neigen, ihre Fähigkeiten und ihre Leistungen zu unterschätzen und sich negativer zu bewerten, als dies das Publikum tut. Sie beurteilen sich selbst also kritischer, legen sich die innere Meßlatte extrem hoch (Horwitz 2002). Andererseits sind sie aber anderen gegenüber toleranter, hier erscheinen ihnen Fehler weniger schlimm als bei sich selbst. Sprechängstliche messen also mit zweierlei Maß. Hören wir hierzu Herrn R.s Beschreibung seines „inneren Zeigefingers":

> Herr R. ist Abteilungsleiter einer Baufirma. In dieser Funktion muss er häufig Ansprachen und kleine Reden vor der Belegschaft halten. Seine Sprechangst überfällt ihn dann immer plötzlich während des Sprechens, obwohl er vorher und zu Beginn eigentlich ganz ruhig ist. Er spricht dann eher schnell, um möglichst bald fertig zu sein und verhaspelt sich häufig dabei. Er ist der Meinung, dass er eigentlich nicht gut sprechen könne. Sein Vater, der ein guter Rhetoriker war und viel und gerne sprach, äußerte oft seine Enttäuschung, dass keiner seiner Söhne sein Talent ererbt hätte. Herr R. hielt früher Reden im Familienkreis und meinte dabei seinem Vater die Enttäuschung im Gesicht ansehen zu können. Diesen hohen väterlichen Maßstab legt er nun an sich selbst an.

Herr K. beschreibt dagegen seine Sprechangst als übertrieben perfekten Anspruch an sich selbst:

> Herr K. ist 28 Jahre alt und Geologiestudent. Er hält studienbegleitend eine Reihe von Reisevorträgen, in deren Verlauf seine Stimme zusehends heiserer und höher wird und er sich vermehrt räuspern muss. In Gesprächen mit Autoritätspersonen bemerkt er an seiner Stimme Schwankungen der Tonhöhe. Herr K. äußert von Anfang an die Vermutung, dass seine Probleme auf mangelndes Selbstbewusstsein zurückzuführen seien. Der Begriff ‚Sprechangst' ist ihm dabei suspekt, er findet ihn zu etikettierend, ‚verunsichernde Sprechsituationen' erscheinen im angemessener.
>
> Bei den ersten Reiseberichten bemerkte er an sich die Tendenz, über seine Angst hinwegzureden, wenn er in seinem Konzept stecken blieb. Hinterher ärgerte er sich darüber, „Blödsinn" geredet zu haben. Im Laufe des Trainings fällt Herrn K.'s ausgeprägter Perfektionismus auf. Seine inneren Sätze lauten: „Ich muss alles perfekt machen.", „Ich darf keine Fehler machen.", obwohl ihm klar ist, wie unrealistisch es eigentlich ist, einen Vortrag, dessen Gelingen ja auch stark von äußeren, wie z.B. technischen Faktoren, abhängt, 100%ig perfekt machen zu wollen. Andere Vorträge, in denen Kollegen sich versprachen, stecken blieben oder die Technik Mängel aufwies, beurteilt er positiv: „Das ist doch nur menschlich und Fehler machen einen Redner sympathisch".

Im Laufe ihrer Sprachentwicklung ahmen Kinder das Kommunikations- und Sprachverhalten ihrer Umgebung nach. Dazu gehören der Wortschatz, die Grammatik, der Stimmgebrauch und die Sprachlaute. Wächst ein Kind sozial isoliert auf oder sind die Menschen seiner näheren Umgebung selbst unsicher und sprachlich nicht gewandt, wird es auch nur ein mangelhaftes Modell kommunikativer Fähigkeiten entwickeln.

Und schließlich: Wer unter Sprechängsten leidet, vermeidet häufig unangenehme Situationen. Durch mangelndes Training und fehlende Erfahrung kommt es dann auch zu unzulänglichen rednerischen Fähigkeiten. Einmal beherrschte kommunikative Fertigkeiten sind nach einer Weile nicht mehr abrufbar und das persönliche Repertoire kann nicht durch neu erlerntes Können erweitert werden. Bei Herrn F. scheint beides zuzutreffen. Einerseits fehlte ihm ein geeignetes Modell, an dem er Sprechsicherheit hätte lernen können, andererseits „verlernte" er durch sein starkes Vermeidungsverhalten schon vorhandene Fertigkeiten wieder:

> Herr F. ist 38 Jahre alt. Seit seinem siebten Lebensjahr stottert er in ihn beängstigenden Situationen. Diese Situationen beschreibt er als jeglichen Kontakt zur Umwelt. Er lebt sehr isoliert, hat keine Freunde. Seine Freundin, mit der er zusammenwohnt, ist oft der einzige Gesprächspartner am Tag. Als Programmierer ist er seit einem Jahr arbeitslos und traut sich im Moment den Gang zum Arbeitsamt nicht zu. Er ist gebürtiger Ungar und seit dem 20. Lebensjahr in Deutschland. In der Schule hat er hauptsächlich unter Blockaden im Sprechfluss gelitten, was seine Eltern, besonders die Mutter, sehr beunruhigte. Seine Eltern seien unsichere Menschen gewesen. Ihm habe immer ein „Modell" für selbstsicheres Verhalten gefehlt. Sein jüngerer Bruder sei auch eher ängstlich. Ihm fallen in sozialen Kontakten besonders seine flache Atmung und seine eiskalten Hände auf.

Jeder Mensch hat ein natürliches Bedürfnis, sich selbst darzustellen. Der Wunsch nach Aufmerksamkeit und Anerkennung durch andere konkurriert dabei häufig mit der Angst vor Zurückweisung und Kontrollverlust. Dieser Konflikt, der in einer früheren Situation, z. B. mit Eltern und Geschwistern bereits schon einmal so erlebt wurde, wird später in einer ganz anderen Situation, meistens einer Publikumssituation, neu belebt. Aus der Hemmung des Bedürfnisses nach Selbstdarstellung entsteht dann die empfundene Sprechangst. Bei Frau L.s

Ängsten könnte dieser Konflikt eine Rolle spielen, sie befindet sich im „egozentrischen Dilemma der Sprechangst":

Frau L. ist seit kurzem in einem Softwarevertrieb im Verkauf tätig. Sie bezeichnet sich selbst als eher introvertiert, hat aber auch Spaß daran, im Mittelpunkt zu stehen, wenn sie sich sicher fühlt. Sie ist redegewandt und wirkt selbstsicher. Im Bekanntenkreis gilt sie als gute Rednerin, die sich gerne selbst darstellt. In ihrer Familie war dies jedoch immer verpönt. Zurückhaltung hatte dort einen hohen Stellenwert. Sie sagt von sich, sie denke zu viel nach, was die anderen wohl von ihr halten, ob sie sich blamiere, wie sie wohl wirke. Im Verkaufstraining spüre sie den Druck, gut sein zu wollen und sich auch selbst gut „verkaufen" zu müssen. In neuen Situationen leidet sie besonders unter der Angst, dass Sprechangstsymptome auftreten und von anderen bemerkt werden könnten.

Nicht nur das Elternhaus, sondern auch die weitere soziale Umgebung prägt unserer Sprechverhalten. Eine Seminarteilnehmerin schildert, wie ihre Sprechangst durch das Schulsystem mit seiner Benotung mündlicher Leistungen verstärkt wurde:

„Als ich in der Grundschule war, kannte ich so etwas wie Sprechangst nicht. Als Klassenbeste kriegte ich Bestätigung durch meine Leistungen, die mündlich und schriftlich gleichermaßen gut waren. Ich redete, wie mir der Schnabel gewachsen war. Mit dem Wechsel ins Gymnasium veränderte sich meine Beteiligung am Unterricht. Hier, als eine unter vielen guten Schülern, musste ich erstmal akzeptieren, nur Durchschnitt zu sein. Ich fing an, meine Antworten stärker zu kontrollieren und mit den anderen zu vergleichen. Im Zeugnis erschien der Satz: ‚Beteiligung am Unterricht hat nachgelassen'. Die Angst, mich lächerlich zu machen, war größer, als das Bedürfnis, mein Wissen mitzuteilen. So saß ich oft voll innerer Spannung mit der richtigen Antwort auf der Zunge da und überprüfte innerlich viele Male, ob sie auch wichtig genug wäre, bis ein anderer Schüler mir zuvorkam und ich enttäuscht von mir selbst da saß. Sichtbare Symptome von Sprechangst hatte ich dann in der Oberstufe: Schwitzen, rote Flecken im Gesicht, Versprecher, eine hohe, zittrige Stimme, die von ständigem Schlucken unterbrochen wurde. Das trat in Sprechsituationen auf, die ich nicht vermeiden konnte, wie Referate halten oder Vorlesen im Fremdsprachenunterricht. Welchen Eindruck mein Deutschlehrer allerdings von mir hatte, zeigt seine, meine mündliche Beteiligung kommentierende, Bemerkung während der Notenbesprechungen: „Die S. will ihre Perlen nicht vor die Säue werfen".

Auch soziale Rollenbilder der Geschlechter wirken nach wie vor auf uns ein und prägen unser Selbstbild. So wird Sprechangst in unserer Gesellschaft bei Frauen eher akzeptiert als bei Männern. Auch Herr M. hat diese Einstellung in sein Selbstbild von sich als Mann eingebaut:

Herr M. ist 50 Jahre alt und Leiter eines Institutes mit vielen Außenkontakten und Repräsentationspflichten. Im Laufe der Jahre und der Beförderungen empfindet er seine Aufregung in Besprechungen und Diskussionen als immer lästiger und Kräfte zehrender. Er kann auch nicht verstehen, warum er nach all der Zeit noch keine Routine entwickeln konnte. Immer wieder kämpft er in neuen Situationen mit seiner Angst, wo doch seine vielfältige Tätigkeit allein schon alle Sinne beansprucht. Er wehrt sich vehement gegen den Gedanken, sprechängstlich zu sein. In seiner Position ist das sonst seiner Meinung nach keiner und die Vorstellung, dass seine Mitarbeiter und Kollegen etwas bemerken könnten, verstärkt seine Angst nur noch. Weder zu seinem Selbstbild von sich als Mann und Familienvater noch zu seiner Position würde das passen. Er bewundert gute Sprecher, die eloquente Reden halten, Regeln antiker Rhetorik spielend umsetzen und souverän und elegant argumentieren können.

Kulturelle Unterschiede tragen ebenfalls zur Entstehung von Sprechängsten bei. So sollen Japaner und Deutsche häufiger von Schüchternheit betroffen sein als z. B. Israelis (Hsu 2009).

Aber nicht allein der Einfluss der Eltern und der sozialen Umgebung spielt eine Rolle. Auch bestimmte Ereignisse können die Entstehung von Sprechängsten begünstigen. Sie wirken dann wie ein Trauma, in dessen Gefolge sich eine Reihe von ängstlichen Verhaltensweisen breit macht. Das kann eine erlittene Demütigung in der Schule oder eine angeborene Missbildung sein, die uns von den anderen abhebt. Eine Klientin berichtete von einem Gedicht, dass sie mit sechs Jahren anlässlich einer Hochzeit einstudiert hatte, und bei dem sie stecken blieb. Als 40-Jährige erinnert sie sich noch haargenau, wie sie auf einem Stuhl vor den vielen Menschen stand und die Blicke aller auf sich fühlte. Sie schämte sich so für ihr Missgeschick, dass sie auch mit Hilfestellung der Mutter nicht fortfahren konnte. In ihrer Erinnerung dauerte diese Zeit auf dem Stuhl ewig.

Ist nun das Trauma selbst Ursache der Störung oder ist es nur Auslöser für eine schon bestehende Empfindlichkeit, die sich nun offen zeigt? Darüber gibt es allerdings noch wenig gesicherte Erkenntnisse.

## Angeborenes Verhalten

Es ist nicht auszuschließen, dass es eine Veranlagung zur Unsicherheit gibt und das in Einzelfällen der Erwerb rednerischer Fähigkeiten eines Kindes unvollständig und verzögert abläuft, obwohl die Umgebung des Kindes alle Anforderungen sprachlicher Anregung erfüllt und Unterstützung bietet. Die fehlende Beherrschung kommunikativer Regeln führt dann zu sprechängstlichem Verhalten, das sich in immer mehr Situationen zeigen kann. Einige Forscher vertreten die These, dass ungefähr 15–20% aller Kinder mit einer neurochemischen Ausstattung auf die Welt kommen, die sie besonders anfällig für gehemmtes Verhalten macht (Kagan/Snidman 1991). Diese Kinder zeigen eine Fehlfunktion des Gehirns, die sie in Stresssituationen besonders sensibel reagieren lässt, sodass sie sich in ungewohnten Situationen am liebsten abwenden statt neugierigen Forscherdrang zu entwickeln. Andere Wissenschaftler entdeckten bei Rhesusaffen und Mäusen familiäre Abstammungslinien von Sozialangst und vermuten deshalb die Existenz eines Gens für ängstliches Verhalten. Studien mit Zwillingen bestätigen dies auch für den Menschen. Allerdings liegen die Werte für einen genetischen Faktor immer unter 50%, sodass für erlernte Umweltfaktoren viel Spielraum übrig bleibt. Wieder andere Forscher gehen davon aus, dass Ängste für die Erhaltung der menschlichen Gattung elementar wichtig waren und deshalb ein Überbleibsel unserer Vorzeit darstellen. Im Alter von acht Monaten zeigen Kleinkinder eine ganz normale Phase verstärkter Angstreaktionen, wenn sie von ihrer Mutter getrennt werden. Sie „fremdeln". Ob besonders heftige Reaktionen in dieser Phase auf die Entwicklung späterer Sozialängste hindeuten, ist jedoch noch ungeklärt.

Sabine K. meint, dass ihre Sprechängste eine Folge mangelhafter rednerischer Begabung sind:

Sabine K. studiert Kunstgeschichte. Referate fallen ihr besonders schwer, lieber schreibt sie stattdessen eine Hausarbeit. Schrecklich findet sie es auch, wenn jeder der Reihe nach etwas sagen soll, z.B. zu Semesterbeginn in der Vorstellungsrunde. Sie kriegt dann immer einen roten Kopf und ärgert sich hinterher über sich selbst. Das war schon immer so, auch in der Schulzeit. Reden, Formulieren, Argumentieren liegen ihr eben nicht so. Schon als Kind fiel es ihr schwer, sich verbal durchzusetzen und später in der Schule hieß es dann: „Die Sabine ist halt eher künstlerisch als sprachlich begabt". Sie hat das akzeptiert und künftige sprachliche Forderungen, wenn möglich, vermieden. An Diskussionen in kunstgeschichtlichen Seminaren beteiligt sie sich aus Angst, etwas Dummes zu sagen und herumzustottern, kaum. Sie hat auch meistens den Eindruck, dass die anderen besser reden können als sie.

## Ihre persönliche Sprechangst

Wer unter Sprechangst leidet, findet meistens recht konkrete – eher unwissenschaftliche – Erklärungen dafür. Im Folgenden finden Sie die häufigsten Gründe, die Seminarteilnehmer für ihre Sprechängste nannten:

- Angst, Fehler zu machen,
- Angst vor sozialer Unangepasstheit und Blamage,
- Angst vor Bewertung und Kritik,
- Angst vor unbekannten Situationen,
- Angst vor der Angst,
- Angst, dem eigenen Selbstbild nicht gerecht zu werden,
- Angst als Folge eines inneren Konflikts: Der Wunsch nach Aufmerksamkeit konkurriert mit der Angst vor Zurückweisung.

Die **Ursachen** für die verschiedenen Formen von Sprechangst sind komplex und *multifaktoriell*: Angeborene und erworbene Ursachen greifen dabei ineinander. Aber auch das soziale Umfeld oder prägende Ereignisse können eine Rolle spielen.

FAZIT

ÜBUNG

## Ursachenforschung

Um Ihnen Hinweise über mögliche Ursachen Ihrer persönlichen Sprechangstentwicklung zu verschaffen, soll Ihnen ein Fragebogen weiterhelfen. Bitte nehmen Sie sich viel Zeit und denken Sie über folgende Fragen nach. Beantworten Sie sie am besten schriftlich:

1. Welche negativen Erlebnisse haben Sie beim Sprechen bisher gemacht?
2. In welchen Situationen macht Ihnen Sprechen Spaß?
3. Bitte beschreiben Sie Situationen, in denen Sie es normalerweise vermeiden, zu sprechen oder die Sie insgesamt vermeiden.
4. Welche Atmosphäre herrschte als Kind in Ihrer Familie? Beschreiben Sie Ihre Beziehung zu den einzelnen Familienmitgliedern.
5. Welchen Stellenwert hatte das „Sich-Mitteilen" und „Schweigen" in Ihrer Familie?
6. Wie ging Ihre Familie mit Leistung um?
7. Hatten Sie schon als Kind Ängste, sich zu äußern und wie reagierte die Umwelt darauf?
8. Wie schwer/leicht fallen Ihnen folgende Situationen?
   - vor anderen zu essen
   - zu schreiben, wenn Ihnen jemand zuschaut
   - anderen eine Bitte abzuschlagen
9. Leiden Sie unter körperlichen Beschwerden? Welchen?
10. Welche Befürchtungen haben Sie, wenn die Angst da ist?
11. Was haben Sie bisher getan, um die Angst zu vermindern?

**FAZIT**

*Die* Sprechangst gibt es nicht. Jeder hat seine ganz individuelle Art und Weise, sprechängstlich zu sein und seine Angst entsteht in ganz bestimmten, für ihn typischen Situationen. Lernen Sie *Ihre* Sprechangst deshalb kennen!

Wie kommt es, dass wir in einer Situation Angst empfinden, in einer ähnlichen aber keine? Da die Ursachen von Sprechangst noch nicht eindeutig geklärt sind, ist es sinnvoll, sich zu fragen, welche Faktoren *heute* zur Auslösung von Angst führen. Nicht woher sie kommt, sondern was sie jetzt noch aufrecht erhält, ist von Interesse, wenn Sie lernen wollen, sicher zu reden.

Sprechängste entstehen oder treten verstärkt auf, wenn wir *Veränderungsprozesse* durchmachen. Immer dann sind wir gefordert, unser Selbstbild neu zu überprüfen, unser Können mit den Anforderungen der neuen Situation abzugleichen. Bei der Einschulung, beim Übertritt ins Gymnasium, beim Absolvieren einer Ausbildung oder der Universität und später beim Einstieg in den neuen Job oder beim Aufstieg innerhalb der Firma, immer läuft ein Bewertungsprozess in unserem Inneren ab. Wir vergleichen unser Können mit den Anforderungen der neuen Institution, des neuen Fachgebietes. Andere als die gewohnten Lernbedingungen erfordern neue Fertigkeiten. So bietet z. B. die Universität eine weniger strukturierte, selbstbestimmtere Lernumgebung als die reglementierte Schule. Das Selbstbild muss sich dann neu formieren. Unsere geistigen Fähigkeiten bestimmen leider meistens unseren Wert in der akademischen Weltordnung, doch alle paar Jahre setzt dort eine Inflation ein und wir müssen umlernen. In solchen Orientierungsphasen sind wir anfällig für Zweifel, ob wir die neue Situation auch meistern können. Und aus diesem Zweifel erwächst die Angst. Erst wenn sich das Selbstwertgefühl wieder gefestigt hat, vielleicht unrealistische Ansprüche an uns selbst revidiert wurden, kann wieder ein Gefühl der Sicherheit – eben Sprechsicherheit – entstehen.

Dieser Orientierungsvorgang gehört zum Alltag. Erst die Bewertung Ihrer Unsicherheit als „unnormal" führt zu dauerhafter Sprechangst. Annahmen wie: „Die anderen haben auch keine Angst.", „Als Verkaufsleiter darf ich keine Angst haben." etc. machen diese Umbruchphasen zum Problem.

Bauen Sie in Ihr Selbstbild ein, dass Sie ab und zu Unsicherheit empfinden werden, bis Ihnen eine neue Situation vertraut geworden ist.

Stellen Sie sich Ihrer Angst, nehmen Sie sie als Teil Ihrer selbst an und lernen Sie, sie zu kontrollieren, trotz oder mit der Angst zu sprechen und alles zu sagen, was Sie sagen möchten.

FAZIT

## Die Angst mitteilen

ÜBUNG

Ein gutes Mittel, Angst abzubauen, ist, über sie zu reden. Teilen Sie Ihre Sprechangst einer Person mit, von der Sie vermuten, dass sie bisher nichts davon wusste.

- Wie reagierte diese Person wirklich?
- Wie waren im Vorfeld Ihre Befürchtungen, wie sie reagieren könnte?
- Wie fühlen Sie sich nach dem Gespräch?

**Ziel der Übung:** Sie lernen, Ihre Angst zu akzeptieren, Sie sich und anderen zuzugestehen und erfahren, wie Sie bisher auf andere gewirkt haben. Wahrscheinlich werden Sie erstaunt sein, wenn Ihr Gegenüber von eigenen Ängsten berichtet oder zumindest Verständnis für Sie zeigt. Wenn Sie Widerwillen gegen diese Übung verspüren, fragen Sie sich, ob und warum Ihre Sprechangst nicht zu Ihrem Selbstbild passt.

## Wie entsteht Sprechangst?

### Der innere Bewertungsprozess

Sprechangst ist u. a. die Angst vor der *Bewertung* anderer in Situationen, in denen die Aufmerksamkeit auf uns ruht. Immer dann, wenn wir motiviert sind, einen bestimmten Eindruck auf andere zu machen, also uns selbst darzustellen, aber uns nicht sicher sind, ob uns dieses auch gelingt, kann Angst entstehen. Dieser innere *Zweifel* ist Voraussetzung für die Einschätzung einer Situation als Bedrohung und wird durch besondere Eigenschaften der Situation und des Sprechenden ausgelöst. Der vierstufige *Bewertungsprozess* in uns – unter einem Vergrößerungsglas betrachtet – sieht dann so aus:

- Sie *nehmen* die Bedingungen einer Situation *wahr*: z. B. Größe und Kompetenz des Publikums. Welche Fähigkeiten erfordert die Redeleistung?
- In Ihnen läuft dann eine *gedankliche Einschätzung* ab, ob Sie die Situation bewältigen können. Wenn Sie zu einer positiven Antwort gelangen, empfinden Sie die Situation als Herausforderung. *Zweifeln* Sie an Ihren Fähigkeiten? Dann werden Sie die Situation höchstwahrscheinlich als Überforderung werten.
- Sie reagieren auf der *Gefühlsebene*: Die Bewertung als *Herausforderung* bewirkt gespannte Aktivierung, Motivation und Problem lösende Gedanken, die Bewertung als *Überforderung* erzeugt dagegen Angst und Anspannung.
- Sie *interpretieren* Ihr Redeverhalten (z. B. Ihr Vermeidungsverhalten oder ‚Steckenbleiben‘, Verhaspeln etc.) entsprechend Ihres Selbstbildes (z. B.: „Ich habe den Termin abgesagt, damit ich mich nicht blamiere.")

Wenn wir die Vorgänge in einer Sprechsituation unter einer Lupe betrachten (Abb. 6), sehen wir also, dass die Gefühle – in diesem Falle Sprechängste – eine Folge unserer Gedanken und Einschätzungen aber vor allen Dingen unserer eigenen Bewertungen sind.

> Sprechangst entsteht, wenn die Aufmerksamkeit anderer auf uns ruht und wir einen möglichst guten (perfekten) Eindruck machen möchten, oder wir uns in einer konkreten Bewertungssituation vor Abwertung fürchten.

FAZIT

Die Sprechangstforschung hat unterschiedliche Faktoren identifiziert, die bei der Entstehung und der Stärke von Sprechangst eine Rolle spielen. Dabei ist das Zusammenspiel oder der Stellenwert der einzelnen Merkmale jedoch noch ungeklärt, z. B. ob sich einzelne Faktoren aufaddieren und dann zu doppelt so starker Angst führen oder sich gegenseitig hemmen können. In Experimenten, in denen Versuchspersonen vor einem Publikum eine Rede halten sollten, ließen sich zwei Sprechangst auslösende Bereiche nachweisen:

- Merkmale der *Person des Sprechers*
- Merkmale der konkreten *Sprechsituation*

Unsere Wahrnehmung und unsere Motivation, überhaupt sprechen zu wollen, entscheiden dann darüber, in welcher Form diese zwei Merkmalsbereiche zusammenspielen und wie sie von uns interpretiert werden.

## Die Person des Sprechers

Nicht nur die äußeren Umstände können Angst auslösen. Auch der Sprecher selbst, die *Eigenschaften seiner Persönlichkeit* spielen eine Rolle. Sprechängste können einmal flüchtig auftreten – dann ist ihre Entstehung stark von Auslösern der gerade aktuellen Sprechsituation beeinflusst – aber auch als überdauernde Bereitschaft in uns vorprogrammiert sein, immer wieder ängstlich zu reagieren, diese Neigung ist dann

Situation
⇩
**Bewertung**
⇩
Gefühl

Abb. 6: Lupe

sozusagen eines unserer Persönlichkeitsmerkmale. Die Psychologie spricht dann von einem „trait", einer überdauernden Eigenschaft im Gegensatz zum „state", dem gerade aktuellen Angstempfinden in einer ganz konkreten Situation während des Sprechens. Eine solche Persönlichkeitseigenschaft könnte man als *Neigung zur Ängstlichkeit* bezeichnen. Sie bleibt stabil auch in unterschiedlichen Situationen. Je größer diese Neigung, umso stärker dürfte die Angst in einer aktuellen Sprechsituation sein.

Auch die Art und Weise eines Menschen, Anforderungen des Alltags wahrzunehmen und sie gedanklich zu bewerten, beeinflusst das Entstehen von Angst. Eine Rede halten, vor Kollegen die eigene Arbeit vorstellen, auf der Bürgerversammlung das Wort ergreifen – für Menschen, die unter Redeangst leiden, sind diese Situationen qualvoll. Um die Angst in Schach zu halten, beruhigen sie sich selbst mit bestimmten Gedanken oder inneren Sätzen. Diese kognitiven Strategien, so genannte *Bewältigungsstile* sind von Sprecher zu Sprecher verschieden. Die meisten Menschen versuchen, die eigenen Gefühle zu bagatellisieren, („Es wird schon nichts schlimmes passieren!"), zu verleugnen („Bisher bin ich mit solchen Situationen gut zurecht gekommen, warum sollte diesmal etwas passieren?") oder sich gedanklich abzulenken („… unterhalte ich mich lieber mit Freunden.") Diese Redner vermeiden also die Auseinandersetzung mit der bevorstehenden Situation.

Eine zweite Gruppe von Sprechern setzt dagegen andere kognitive Strategien ein. Sie bevorzugen eher „vigilante", dass heißt überwachende Gedanken („… überlege ich mir, was ich tun kann, wenn ich aus dem Konzept gerate.") und sehen negative Ereignisse voraus („… stelle ich mir vor, dass es ganz schön unangenehm werden kann."). Die Wirkung dieser unterschiedlichen Kognitionen auf die Entstehung von Sprechangst ist dabei abhängig von der jeweiligen Sprechsituation, in der Sie sich befinden. Sich zu viele Sorgen zu machen, kann in einem Bewerbungsgespräch eher hinderlich sein, da Sie die Fragen des Personalchefs nicht vorhersagen und kontrollieren können. Sich zu wenig auf einen Fachvortrag vorzubereiten, kann jedoch zu peinlichen Momenten während der Präsentation führen. Untersuchungen zeigen, dass diejenigen Sprecher weniger Angst empfinden, die *flexibel* zwischen beiden Bewältigungsstilen wechseln können, je nach Anforderung und Kontrollierbarkeit der Sprechsituation (Krohne et al. 1992).

Sprechängstliche mit kognitiver Vermeidung scheinen ein feststehendes *Selbstbild* verinnerlicht zu haben (z. B. das des unaufgeregten Redners), das sie daran hindert, sich im Vorfeld einer Redeleistung mit deren Anforderungen auseinander zu setzen und sich vorzubereiten. Fast scheint es ihnen lieber zu sein, als schlechter Redner denn als aufgeregter Redner zu gelten. Die fehlende Auseinandersetzung mit der Angst führt dann dazu, dass die physiologischen Zeichen der Angst (Herzklopfen, Schweißausbrüche etc.) den Sprechängstlichen völlig unvorbereitet während der Phase des Sprechens treffen. Es kommt zu einer Diskrepanz zwischen dem gewünschten Selbstbild („Ich habe keine Angst.") und dem eigenen ängstlichen Verhalten. Konsequenz: Die Angst nimmt zu.

Ein weiterer Faktor, der in der Persönlichkeit des Sprechenden begründet liegt, ist seine *Leistungs- oder Kommunikationsorientierung.* Wer eine Rede halten als Leistung bewertet, für deren Bewältigung große Fähigkeiten erforderlich sind, um auf das Publikum einen positiven Eindruck zu machen, wird stärkere Sprechangst empfinden als jemand, der eine Rede eher als Kommunikationssituation einschätzt, in der er mit dem Publikum in Kontakt treten und etwas mitteilen möchte.

## Die Sprechsituation

Jede Sprechsituation ist anders. Wenn wir die eine als locker empfinden und die andere als Stress erzeugend, liegt das an bestimmten Eigenheiten des Publikums, der Umgebung, des Redeanlasses und des Redeinhaltes. Folgende Faktoren wurden dabei wissenschaftlich untersucht:

**Fremdheit oder Vertrautheit:** In unserem Alltag nehmen wir verschiedene *Rollen* ein: beispielsweise den Familienvater, den Abteilungsleiter, den geduldigen Zuhörer, den freundliche Nachbarn etc., die verschiedene Facetten unserer Persönlichkeit und Teile unseres Selbstbildes darstellen. Nur ungern dagegen sehen wir uns allerdings in der Rolle des Sprechängstlichen. Sich so vor Publikum zu präsentieren, fällt manch einem schwer. Dabei spielt es eine wichtige Rolle, ob wir vor bekannten oder fremden Personen sprechen müssen. Jeder von uns errichtet um sich herum unsichtbare Hindernisse, damit ihm niemand zu Nahe kommt und um seinen persönlichen Freiraum zu schützen. Diese „Pufferzone" ist bei Fremden oder Bekannten unterschiedlich groß. Manchem fällt es gerade vor seinen Bekannten schwer, seine Angst zuzugeben, weil er das Bild, das sich von ihm etabliert hat, nicht beschädigen will, andere fühlen sich in der Umgebung ihrer Freunde sicherer als vor Fremden.

Auch die Vertrautheit mit der Situation und dem Thema ist für die Angstentwicklung wichtig: Hier gilt im Allgemeinen: Je vertrauter uns ein Gesprächsstoff oder eine Redesituation ist, umso geringer ist die Aufregung.

**Freiwilligkeit der Redeleistung:** Wer sich freiwillig zu einem Redebeitrag oder einem Referat meldet, wird weniger Sprechangst empfinden als jemand, der sich zu sprechen gezwungen fühlt, also der Situation nicht ausweichen kann.

**Bedeutsamkeit der Redeleistung:** Die Bedeutsamkeit der Situation spielt eine große Rolle im Angstempfinden. Wer z.B. eine wichtige Prüfung ablegen muss, von der sein weiterer Berufsweg abhängt, begibt sich gespannter in die Situation als jemand, der keine Benotung erwartet und für den der Ausgang dieser Prüfung keine weit reichenden Konsequenzen hat. Eine angenommene *Bewertung* durch die Zuhörer kann die Angst also massiv steigern.

Ebenso wichtig ist es, ob die *Erwartungshaltung des Publikums* an den Redner vom Sprecher als hoch oder eher gering eingeschätzt wird. Die Antrittsvorlesung des neuen Professors wird höhere Erwartungen wecken als die dritte Wiederholung seiner Einführungsvorlesung für Erstsemester.

**Vorhersagbarkeit und Kontrollierbarkeit:** Je neuer eine Situation für mich ist, umso weniger kann ich auf vertraute Strategien zurückgreifen und werde eventuell Unsicherheit empfinden. Wenn ich dagegen im Vorfeld viele Informationen sammeln und mich vorbereiten konnte, ist die Wahrscheinlichkeit groß, dass ich gut über die Runden komme. Ist aber eine Situation für mich schwer zu kontrollieren, weil sie zu sehr vom Wohlwollen meines Publikums abhängt (etwa bei einer Fragerunde auf einer öffentlichen Anhörung im Gemeinderat), steigt höchstwahrscheinlich die Anspannung.

**Das Publikum:** Publikumsfaktoren wie *Größe, Status* und *Kompetenz* des Publikums sowie ein *ablehnendes* oder *zustimmendes* Verhalten der Zuhörer wurden als mögliche Stressoren, also Angstauslöser, identifiziert. Manchmal genügt auch eine laufende Videokamera oder ein imaginäres Publikum, um Sprechängste auszulösen.

**Redeaufgabe:** Die *Art* der Redeaufgabe, ihre *Qualität* und *Quantität* wirken sich auf die Sprechleistung aus. Auch die *Struktur* der Aufgabe spielt eine Rolle: Je klarer umrissen und gegliedert eine Anforderung an mich herangetragen wird, umso besser die Möglichkeiten der Vorbereitung und umso geringer die Gefahr, Sprechangst zu entwickeln. Die Aufforderung: „Jetzt erzählen Sie mal über Ihre letzte Fortbildung!" ist beispielsweise unstrukturierter als die Bitte: „Tragen Sie uns zirka eine Minute lang eine der drei Methoden der Kostenminimierung vor, die Sie auf Ihrer letzten Fortbildung kennen gelernt haben!" Wenn ich meine, über ein Thema insgesamt zu wenig zu wissen – vielleicht, weil ich nur einen Teil der Fortbildung besucht habe – erhöht sich dadurch das Risiko, Sprechangst zu empfinden. Je wichtiger eine Sprechleistung für uns ist, umso motivierter sind wir, möglichst gut abzuschneiden. Schätzen wir dagegen die Situation als nicht so bedeutsam für uns ein, werden wir unsere Aufregung gering halten können.

**Tunnelblick:** In allen Redephasen benutzen Sprechängstliche gedankliche Filter, die ihre Wahrnehmung auf ihre eigene Person fokussiert und sie wie durch einen Tunnel nur einen kleinen Ausschnitt der Realität um sich herum sehen lässt. Dieser „Tunnelblick" lenkt ihre Aufmerksamkeit weg von den Anforderungen der Situation hin zur eigenen Leistung und zur empfundenen Sprechangst.

Gedanken des Selbstzweifels und der eigenen Unfähigkeit binden Kapazitäten, die eigentlich für den Inhalt des Gesagten gedacht waren und stören das Erinnerungsvermögen und die Wortfindung. Je größer die Angst und damit der Tunnelblick, umso geringer die Anzahl der Merkmale der Situation und der Umgebung, die vom Sprecher später erinnert werden können und umso mehr Fehler werden bei der Wiedergabe eines vorangegangenen Gespräches gemacht. Hochsprechängstliche bewerten ihre Leistung schlechter als weniger Ängstliche dieselbe Leistung bewerten würden (Beushausen 2009).

## So entsteht Sprechangst – ein Modell

Die Abbildung 7 fasst alle Faktoren zusammen, die bei der Entstehung von Sprechangst wichtig sind.

Wie diese Prozesse anhand einer typischen Sprechsituation ineinander greifen können, zeigt folgendes Beispiel:

> Herr Z. hat am Wochenende auf Kosten der Firma eine Fortbildung besucht. Am Montagmorgen kommen alle Kollegen zur wöchentlichen Teambesprechung zusammen. Die Sitzung ist fast vorüber,

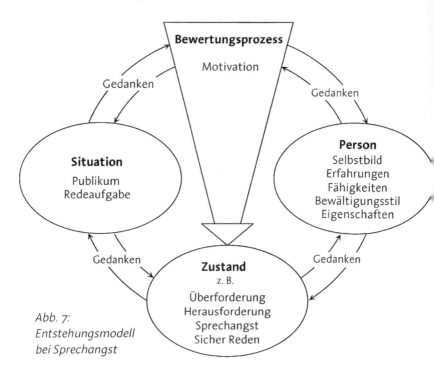

**Abb. 7:**
*Entstehungsmodell*
*bei Sprechangst*

als der Chef Herrn Z. überraschend auffordert, ein bisschen über die Fortbildung zu erzählen. Herr Z. überlegt, was von ihm in dieser Situation erwartet wird, z. b. ob es ausreicht, unvorbereitet draufloszureden oder ob er es besser auf nächste Woche vertagen soll. Diese Erfordernisse der Situation vergleicht er mit seinem persönlichen Potential zur Bewältigung *(Bewertungsprozess)*. Dieses Potential setzt sich zusammen aus *Erfahrungen*, wie er sich in ähnlichen Situationen verhalten würde und es anderen früher ergangen ist (z.B. ob der Chef Kollegen gerne in früheren Meetings über den Mund fuhr), ob er zu dem *Bewältigungsstil* neigt, sich Sorgen zu machen oder sich vor schwierigen Situationen eher abzulenken, von seinem *Selbstbild*, ob er sich für einen guten oder schlechten Redner hält und von seinen *sprecherischen Fähigkeiten*. Dazu kommt seine persönliche Neigung zur Sprechangst als eine seiner *Eigenschaften*, wie er sie von früher kennt. Vermittelnde Instanz in diesem blitzschnellen Bewertungsprozess zwischen *Situation* und *Person* sind Herrn Z.s Wahrnehmung und seine Gedanken und Einschätzungen über das

Wahrgenommene. Natürlich spielt auch seine *Motivation*, sich überhaupt zu äußern, eine Rolle. Man kann sich das so vorstellen, dass in uns ständig solche Prozesse ablaufen, die nur Sekundenbruchteile dauern und sich rückkoppeln oder überlagern. Der Einfachheit halber geht man davon aus, dass es drei Hauptbewertungsprozesse gibt, die jeweils *vor*, *während* und *nach* einer Sprechsituation ablaufen. Je nachdem, ob Herr Z. sich überfordert fühlt oder herausgefordert, die Situation zu meistern, wird er mehr oder weniger starke Sprechangst empfinden und kann dementsprechend ganz unterschiedlich reagieren.

Faktoren der *Situation* und der *Person* können *Auslöser* für Sprechangst sein. Unsere Wahrnehmung und unsere Gedanken vermitteln zwischen beiden Instanzen und bewerten diese Auslöser erst als Auslöser. Unsere inneren Bewertungsprozesse spielen also die entscheidende Rolle bei der Entstehung von Sprechangst.

DEFINITION

## Anleitung für Sprechangst

ÜBUNG

Schreiben Sie eine Anleitung für Ihre Sprechangst:

- Was müssen Sie tun, um sie auszulösen?
- Wie muss die Situation gestaltet sein?
- Welche Ihrer persönlichen Eigenschaften ist dafür entscheidend?
- Was könnte Ihre Angst verstärken?

Lernen Sie mit dieser Übung die *Auslöser* Ihrer Sprechangst kennen.

**Angst vor der Angst?**

Christiane M. sollte bei einer Preisverleihung die Gewinnerin ankündigen. Während sie auf dem Podium vor dem Mikrofon stand, durchlitt sie Höllenqualen. Wie sie gesprochen hat, weiß sie im Nachhinein nicht mehr, obwohl es nur wenige Sätze waren. Aber an ihre Aufregung erinnert sie sich in allen Einzelheiten. „Mein Gott", dachte sie, „wenn das nun jedes Mal so ist, wenn ich öffentlich sprechen muss?"

Viele Sprecher, die einmal Sprechangst am eigenen Leibe erlebt haben, beginnen irgendwann unter der *Angst vor der Angst* zu leiden, also unter der Furcht vor dem erneuten Auftreten der körperlichen Anzeichen für Angst. Generell ist diese Angst vor der Angst berechtigt. Einen so unangenehmen Zustand möchte man nicht noch einmal erleben. In der Regel bewältigen wir jedoch unsere Aufgaben trotz des großen Stresses zufrieden stellend. Die Angst vor der Angst entsteht häufig dann, wenn die körperlichen Symptome in einer bestimmten Situation sehr stark waren, also z. B. bei einer Panikattacke oder wenn die persönliche Leistungsfähigkeit (z. B. in einer Prüfung) durch die Angst beeinträchtigt wurde. Auch die Angst, dass in einer wichtigen Situation (etwa einem Vorstellungsgespräch) die eigene Unsicherheit bemerkt werden könnte und der soziale Umgang mit den anderen dadurch unbeholfen wirkt, spielt eine nicht zu unterschätzende Rolle, denn selbstsicheres Auftreten wird in vielen gesellschaftlichen Bereichen vorausgesetzt.

### Der Teufelskreis der Angst

Eine physische Anspannung in einer öffentlichen Redesituation wird von einem Sprecher als Angst gedeutet. Damit beginnt er, über die Angst nachzudenken, z. B. über ein mögliches Versagen oder eine Blamage vor den Zuhörern. Da er das natürlich vermeiden will, instruiert er sich: Das darf nicht sein! Und überprüft bei nächster Gelegenheit erneut seinen Körper und seine Gedanken auf mögliche Anzeichen von Angst. Die Wahrnehmung wird dabei immer geschulter, sodass schon kleinste Anzeichen von Rotwerden oder vermehrter

Schweißproduktion bemerkt werden und Anlass zur Sorge geben. Wahrscheinlich bemerkt er sogar eine noch stärkere Angst als beim ersten Mal und erlebt ein Gefühl des Kontrollverlustes, da sein Körper ihm ja offensichtlich so wenig gehorcht. Dies ist der Beginn eines *Angstkreislaufs*, der zu einem Teufelskreis werden kann: Mit jeder neuen Situation läuft dasselbe Bewertungsmuster ab und das, was er eigentlich vermeiden will, wird mit jedem Durchlauf stärker und schaukelt sich hoch: die Sprechangst.

Solche inneren Bewertungskreisläufe lernen wir meistens schon in unserer Kindheit und speichern alle positiven und negativen Erfahrungen im Zusammenhang damit ab. Je häufiger wir die Angst als schlimm bewertet haben, desto öfter meiden wir Situationen, in denen sie wieder auftreten könnte. Zuletzt verallgemeinern wir unsere Erfahrungen nach dem Motto: „Einmal in dieser Situation furchtbare Angst erlebt, heißt immer in dieser Situation furchtbare Angst erleben".

Ein gewisses Maß an Anspannung ist jedoch bei öffentlichen Redesituationen und allen für uns neuen Situationen eine normale Begleiterscheinung, eine normale Stressreaktion. Die Psychologie nennt diesen Aktivierungsanstieg des Körpers *arousal*. Aber durch die Befürchtung, der Situation nicht gewachsen zu sein, wird diese normale Anspannung nicht als Stressreaktion, sondern als Hauptmerkmal von Angst interpretiert. Untersuchungen zeigen, dass Sprechängstliche und weniger Sprechängstliche sich kaum in ihren körperlichen Reaktionen in einer Publikumssituation unterscheiden. Allerdings bewerten sie die innere Anspannung unterschiedlich (McCroskey et al. 2009). Während eine weniger ängstliche Person sich bei den ersten Anzeichen von Aufregung sagt: „Okay, ich bin jetzt nervös, weil ich gleich einen wichtigen Vortrag halten muss, dass ist angemessen." und dann weiter spricht und keinen Angstkreislauf in Gang setzt, sind die inneren Kommentare und Bewertungen einer sprechängstlichen Person von Versagensängsten und Befürchtungen, sich zu blamieren, geprägt.

Wenn Sie z. B. Ihr Erröten in einer Redesituation als lebensbedrohliche Gefahr bewerten, die Sie unter allen Umständen verhindern müssen, *muss* Ihr Körper buchstäblich mit Furcht reagieren. Denn es ist eine seiner biologisch angelegten Reaktionen, Sie durch Furcht vor einer möglichen Bedrohung zu schützen. Ihre Sprechangst ist also dann ein Zeichen dafür, dass Ihr Körper Ihnen gehorcht und seinen Auftrag, Sie zu warnen, erfüllt. Korrigieren Sie daher Ihre inneren Bewertungen, damit Ihr Körper entspannt und gelassen bleiben kann!

Oberstes Ziel ist es, die Angst zu bewältigen, mit ihr zu leben und *nicht*, sie zu beseitigen. Sie können lernen, die Angst zu begrenzen.

## Individuelle Angstkreisläufe

Jeder Sprecher hat seinen eigenen *Angstkreislauf*. Betrachten wir als Beispiel den von Ulrike B. (Abb. 8). Nach diesem Schema können Sie Ihren individuellen Angstkreislauf erstellen.

Ulrike B. ist Studentin und muss ein Referat halten. Im Vorfeld hat sie folgende *Gedanken*: „Ich muss es möglichst gut machen." und von den anderen meint sie: „Die reden immer so sicher!" Ihr daraus resultierende *Gefühl* ist Unsicherheit, Angst vor Blamage und Frustration. Schließlich hält sie ihr Referat und spürt dabei körperliche

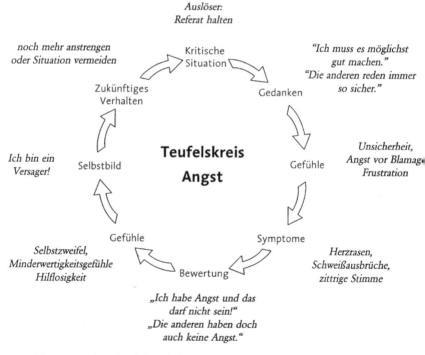

*Abb. 8: Angstkreislauf der Ulrike B.*

## Angstkreislauf

ÜBUNG

Erstellen Sie sich Ihren eigenen *Teufelskreis* zur Angst vor der Angst. Benutzen Sie hierzu das folgende Schema als Anhaltspunkt:

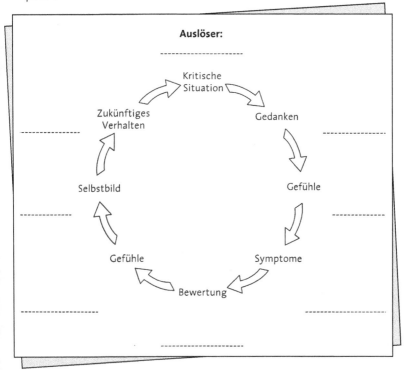

*Abb. 9: Arbeitsblatt: Angstkreislauf*

*Symptome* wie Herzrasen, Schweißausbrüche und eine zittrige Stimme. Ihre *Bewertung* lautet: „Ich habe Angst und das darf nicht sein! Die anderen Studenten haben keine Angst!" Sie fragt sich, wie sie das Referat durchstehen soll. Mittendrin verändert sich ihr Sprechverhalten, sie gerät ins Stocken, vergisst wichtige Gliederungspunkte und kann Sätze nicht zu Ende führen. Ihre *Gefühle* sind Hilflosigkeit, Unsicherheit und Minderwertigkeit. Sie zweifelt an sich selbst. Ihr *Selbstbild* lautet: „Ich bin eine Versagerin." Sie beschließt, ihr *zu-*

*künftiges Verhalten* zu ändern, indem sie sich noch mehr anstrengt, damit ihre Minderwertigkeit nicht sichtbar wird und nur noch schriftliche Hausarbeiten abzugeben. Aber dann wird im nächsten Seminar wieder ein Referat verlangt und der nächste Teufelskreis der Angst beginnt.

Wenn Sie Ihre körperlichen Symptome beim Sprechen negativ als „Sprechangst, die nicht sein darf." bewerten, wird sie nur noch verstärkt. Ein **Teufelskreis** der Angst läuft ab und die *Angst vor der Angst* entsteht.

## Den Teufelskreis durchbrechen

Sie können an drei Stationen des sich selbst verstärkenden Kreislaufes Einfluss nehmen, um den Teufelskreis zu durchbrechen:

- auf gedanklicher Ebene (Wie verändere ich mein Denken?)
- bei den körperlichen Symptomen (Wie kann ich die Angst kontrollieren?)
- und beim Sprechverhalten (Wie kann ich besser kommunizieren?)

Wie Ihnen das gelingt, erfahren Sie in Kapitel fünf. Zunächst können Sie mit dem folgenden Test Ihre Sprechangst genauer analysieren. Sie lernen dadurch die Situationen näher kennen, die Ihnen im Alltag besondere Probleme bereiten.

## Vermeidungsverhalten

Wenn Sie in der Öffentlichkeit sprechen sollen, werden Sie, je nachdem, wie Sie gelernt haben, mit Ihrer Angst umzugehen, solche Situationen vermeiden oder sich der Situation stellen. Schweigen bedeutet, auf der sicheren Seite zu sein, denn man kann sich nicht blamieren. Sicher, wenn wir Angst auslösende Situationen vermeiden, wird sich unser Angstempfinden zunächst verringern. Unter „Vermeidung" fällt dabei nicht nur das Absagen von wichtigen Vorträgen, sondern auch schon der gesenkte Blick, wenn der Seminarleiter fragt, wer jetzt das Wort ergreifen möchte. Dazu gehören auch das Erfinden von *Ausreden*, warum ein wichtiges Gespräch immer wieder aufgeschoben wird oder *Erklärungen*, dass eine Präsentation eigentlich überflüssig ist bis hin zur *gedanklichen Abwertung*, dass gerade dieser Vortrag im Grunde eine Zumutung für uns darstellt. Vermeidungsverhalten äußert sich auch häufig im Ausweichen auf die Schriftform (Fax, Brief, E-mail), wenn etwas auch mündlich, beispielsweise per Telefon, schneller geklärt werden könnte.

Je länger unser Schweigen andauert, umso mehr verfestigt sich aber das Problem der Sprechangst. Wenn man Angstsituationen ausweicht, kann man keine neuen Lernerfahrungen machen und entwickelt keine Strategien zum Umgang mit der Angst. Und schlimmer noch: Auch ohne weitere negativen Erfahrungen weitet die Angst sich auf ähnliche Situationen aus, die früher leicht zu bewältigen waren: die Angst *generalisiert* sich. Vielleicht stellen Sie auch plötzlich fest, dass Ihnen die nötigen Fähigkeiten oder Kenntnisse fehlen, um die an Sie gestellten Aufgaben zu meistern. Fertigkeiten geraten leicht in Vergessenheit, wenn man sie nicht trainiert. Mit Vermeidungsverhalten machen Sie also einen schlechten Handel: Sie werden zwar zunächst keine Angst mehr verspüren, aber stattdessen unzufrieden mit sich und Ihrer Leistungsfähigkeit werden.

Psychologische Untersuchungen belegen, dass ein *Gewöhnungseffekt* an neue Situationen nur dann eintritt, wenn wir eine Situation mehrmals erleben und lange genug in der jeweiligen Situation ausharren. Erst dann lassen die gefürchteten Angstsymptome nach. Senecas Worte bestätigen sich hier: „Nicht weil eine Sache schwierig wäre, wagen wir uns nicht an sie heran. Gerade weil wir uns nicht an sie heranwagen, wird sie schwierig."

In manchen Fällen kommt es schließlich zur *Flucht nach vorn*. Man wählt ein Verhalten, dass genau das Gegenteil von dem ist, welches man spontan gezeigt hätte, redet sich z.B. um Kopf und Kragen in Situationen, in denen man sonst eher geschwiegen hätte oder teilt seine Unsicherheit in Form einer Selbstironie, die den Zuhörern eher kokett als leidend erscheint, mit.

## Test: Wie stark ist Ihre Sprechangst?

Testen Sie selbst, wie stark Ihre *Angst* und Ihr *Vermeidungsverhalten* sind. Beurteilen Sie bei jeder Frage, wie intensiv *im Moment* ihre Sprechangst ist und wie stark Sie *im Moment* dazu neigen, der Situation auszuweichen. Sollten Sie eine Situation noch nicht erlebt haben, versetzen Sie sich in sie hinein und überlegen Sie, wie Sie reagieren würden.

Kreuzen Sie jeweils an, (a) wie *unangenehm* Ihnen die Situation im Allgemeinen ist und (b) beurteilen Sie in einem zweiten Schritt, wie stark Sie diese konkrete Situation *vermeiden*. Kreuzen Sie jeweils eine Zahl zwischen 1 und 5 an.

**1. Eine Rede vor einer größeren unbekannten Gruppe halten.**

| unangenehm: | 1 | 2 | 3 | 4 | 5 | |
|---|---|---|---|---|---|---|
| überhaupt nicht | ☐ | ☐ | ☐ | ☐ | ☐ | sehr stark |

| vermeiden: | 1 | 2 | 3 | 4 | 5 | |
|---|---|---|---|---|---|---|
| niemals | ☐ | ☐ | ☐ | ☐ | ☐ | systematisch |

**2. Ein Bewerbungsgespräch führen.**

| unangenehm: | 1 | 2 | 3 | 4 | 5 | |
|---|---|---|---|---|---|---|
| überhaupt nicht | ☐ | ☐ | ☐ | ☐ | ☐ | sehr stark |

| vermeiden: | 1 | 2 | 3 | 4 | 5 | |
|---|---|---|---|---|---|---|
| niemals | ☐ | ☐ | ☐ | ☐ | ☐ | systematisch |

**3. Einen Bericht/ein Referat vor einer Gruppe halten.**

| unangenehm: | 1 | 2 | 3 | 4 | 5 | |
|---|---|---|---|---|---|---|
| überhaupt nicht | ☐ | ☐ | ☐ | ☐ | ☐ | sehr stark |

| vermeiden: | 1 | 2 | 3 | 4 | 5 | |
|---|---|---|---|---|---|---|
| niemals | ☐ | ☐ | ☐ | ☐ | ☐ | systematisch |

**4. Eine wichtige Prüfung ablegen.**

| unangenehm: | 1 | 2 | 3 | 4 | 5 | |
|---|---|---|---|---|---|---|
| überhaupt nicht | ☐ | ☐ | ☐ | ☐ | ☐ | sehr stark |

| vermeiden: | 1 | 2 | 3 | 4 | 5 | |
|---|---|---|---|---|---|---|
| niemals | ☐ | ☐ | ☐ | ☐ | ☐ | systematisch |

**5. Ein Gespräch mit Ihrem Chef, nachdem Sie einen Fehler gemacht haben.**

| unangenehm: | 1 | 2 | 3 | 4 | 5 | |
|---|---|---|---|---|---|---|
| überhaupt nicht | ☐ | ☐ | ☐ | ☐ | ☐ | sehr stark |

| vermeiden: | 1 | 2 | 3 | 4 | 5 | |
|---|---|---|---|---|---|---|
| niemals | ☐ | ☐ | ☐ | ☐ | ☐ | systematisch |

**6. Ihre Meinung in einem Seminar sagen.**

| unangenehm: | 1 | 2 | 3 | 4 | 5 | |
|---|---|---|---|---|---|---|
| überhaupt nicht | ☐ | ☐ | ☐ | ☐ | ☐ | sehr stark |

| vermeiden: | 1 | 2 | 3 | 4 | 5 | |
|---|---|---|---|---|---|---|
| niemals | ☐ | ☐ | ☐ | ☐ | ☐ | systematisch |

**7. Eine Bitte Ihres Chefs ablehnen.**

| unangenehm: | 1 | 2 | 3 | 4 | 5 | |
|---|---|---|---|---|---|---|
| überhaupt nicht | ☐ | ☐ | ☐ | ☐ | ☐ | sehr stark |

| vermeiden: | 1 | 2 | 3 | 4 | 5 | |
|---|---|---|---|---|---|---|
| niemals | ☐ | ☐ | ☐ | ☐ | ☐ | systematisch |

**8. Mit jemandem vom anderen Geschlecht das erste Mal ausgehen.**

| unangenehm: | 1 | 2 | 3 | 4 | 5 | |
|---|---|---|---|---|---|---|
| überhaupt nicht | ☐ | ☐ | ☐ | ☐ | ☐ | sehr stark |

| vermeiden: | 1 | 2 | 3 | 4 | 5 | |
|---|---|---|---|---|---|---|
| niemals | ☐ | ☐ | ☐ | ☐ | ☐ | systematisch |

**9. Sich bei der Bank über Verzögerungen beschweren.**

| unangenehm: | 1 | 2 | 3 | 4 | 5 | |
|---|---|---|---|---|---|---|
| überhaupt nicht | ☐ | ☐ | ☐ | ☐ | ☐ | sehr stark |

| vermeiden: | 1 | 2 | 3 | 4 | 5 | |
|---|---|---|---|---|---|---|
| niemals | ☐ | ☐ | ☐ | ☐ | ☐ | systematisch |

**10. Eine Gehaltserhöhung fordern.**

| unangenehm: | 1 | 2 | 3 | 4 | 5 | |
|---|---|---|---|---|---|---|
| überhaupt nicht | ☐ | ☐ | ☐ | ☐ | ☐ | sehr stark |

| vermeiden: | 1 | 2 | 3 | 4 | 5 | |
|---|---|---|---|---|---|---|
| niemals | ☐ | ☐ | ☐ | ☐ | ☐ | systematisch |

**11. Mit Freunden diskutieren.**

| unangenehm: | 1 | 2 | 3 | 4 | 5 | |
|---|---|---|---|---|---|---|
| überhaupt nicht | ☐ | ☐ | ☐ | ☐ | ☐ | sehr stark |

| vermeiden: | 1 | 2 | 3 | 4 | 5 | |
|---|---|---|---|---|---|---|
| niemals | ☐ | ☐ | ☐ | ☐ | ☐ | systematisch |

**12. In einer Fremdsprache reden.**

| unangenehm: | 1 | 2 | 3 | 4 | 5 | |
|---|---|---|---|---|---|---|
| überhaupt nicht | ☐ | ☐ | ☐ | ☐ | ☐ | sehr stark |

| vermeiden: | 1 | 2 | 3 | 4 | 5 | |
|---|---|---|---|---|---|---|
| niemals | ☐ | ☐ | ☐ | ☐ | ☐ | systematisch |

**13. Telefonieren mit einer Behörde.**

| unangenehm: | 1 | 2 | 3 | 4 | 5 | |
|---|---|---|---|---|---|---|
| überhaupt nicht | ☐ | ☐ | ☐ | ☐ | ☐ | sehr stark |

| vermeiden: | 1 | 2 | 3 | 4 | 5 | |
|---|---|---|---|---|---|---|
| niemals | ☐ | ☐ | ☐ | ☐ | ☐ | systematisch |

**14. Bei einer Beratungsstelle über persönliche Probleme sprechen.**

| unangenehm: | 1 | 2 | 3 | 4 | 5 | |
|---|---|---|---|---|---|---|
| überhaupt nicht | ☐ | ☐ | ☐ | ☐ | ☐ | sehr stark |

| vermeiden: | 1 | 2 | 3 | 4 | 5 | |
|---|---|---|---|---|---|---|
| niemals | ☐ | ☐ | ☐ | ☐ | ☐ | systematisch |

**15. Kritik an einem Freund/einer Freundin äußern.**

| unangenehm: | 1 | 2 | 3 | 4 | 5 | |
|---|---|---|---|---|---|---|
| überhaupt nicht | ☐ | ☐ | ☐ | ☐ | ☐ | sehr stark |

| vermeiden: | 1 | 2 | 3 | 4 | 5 | |
|---|---|---|---|---|---|---|
| niemals | ☐ | ☐ | ☐ | ☐ | ☐ | systematisch |

**16. Eine Frage an eine fremde Person richten.**

| unangenehm: | 1 | 2 | 3 | 4 | 5 | |
|---|---|---|---|---|---|---|
| überhaupt nicht | ☐ | ☐ | ☐ | ☐ | ☐ | sehr stark |

| vermeiden: | 1 | 2 | 3 | 4 | 5 | |
|---|---|---|---|---|---|---|
| niemals | ☐ | ☐ | ☐ | ☐ | ☐ | systematisch |

**17. Vor einer Gruppe einen Text vorlesen.**

| unangenehm: | 1 | 2 | 3 | 4 | 5 | |
|---|---|---|---|---|---|---|
| überhaupt nicht | ☐ | ☐ | ☐ | ☐ | ☐ | sehr stark |

| vermeiden: | 1 | 2 | 3 | 4 | 5 | |
|---|---|---|---|---|---|---|
| niemals | ☐ | ☐ | ☐ | ☐ | ☐ | systematisch |

**18. Vor einer unbekannten Gruppe von sich erzählen.**

| unangenehm: | 1 | 2 | 3 | 4 | 5 | |
|---|---|---|---|---|---|---|
| überhaupt nicht | ☐ | ☐ | ☐ | ☐ | ☐ | sehr stark |

| vermeiden: | 1 | 2 | 3 | 4 | 5 | |
|---|---|---|---|---|---|---|
| niemals | ☐ | ☐ | ☐ | ☐ | ☐ | systematisch |

Auswertung: Ermitteln Sie zunächst den Gesamtpunktwert über alle Fragen für (a) Angst und (b) Vermeidung getrennt.

|  | (a) Angst (unangenehm) | (b) Vermeidung (vermeiden) |
|---|---|---|
| Summe | | |

Lesen Sie nun zunächst unter dem für Sie zutreffenden Punktwert für *Angst* nach:

**Wie stark ist Ihre Angst?**

▪ *Ihr Punktwert für Angst liegt zwischen 18 und 35 Punkten:* Sie scheinen fast nie Angst in öffentlichen Situationen zu empfinden. Glückwunsch! Waren Sie auch ganz ehrlich?

▪ *Ihr Punktwert für Angst liegt zwischen 36 bis 45 Punkten:* Ihre Punktzahl für Angst liegt unter dem Durchschnitt der Werte, die 124 Personen in einer Studie nannten (Beushausen 1996). Ihre leichte Anspannung in sozialen Situationen ist völlig normal, Sie fühlen sich eher aktiviert als in ihrer Ausdrucksfähigkeit gehemmt. Trotzdem kann es hilfreich sein, sich die Situationen mit besonders hohem Punktwert, also immer dort, wo Sie „ziemlich" oder „sehr unangenehm" angekreuzt haben, noch einmal anzuschauen und daran zu arbeiten, um auch hier sichere Verhaltensweisen zu trainieren.

▪ *Ihr Punktwert für Angst liegt zwischen 46 bis 55 Punkten:* Sie leiden unter der Konfrontation mit anderen Menschen. Wahrscheinlich haben Sie starke Angst vor Bewertung oder einen sehr hohen Anspruch an sich selbst. Auf jeden Fall sollten Sie an Ihrer Sprechsicherheit arbeiten.

▪ *Ihr Punktwert für Angst ist höher als 55 Punkte:* Sie leiden unter starken Sprechängsten und sollten dringend etwas dagegen unternehmen. Wahrscheinlich fühlen Sie sich in Ihrer Lebensqualität stark beeinträchtigt.

**Wie stark ist Ihr Vermeidungsverhalten?** Wenn Ihre Angstwerte mindestens 45 Punkte betragen, betrachten Sie nun die Werte für Vermeidung im Vergleich zu den Angstwerten. Damit können Sie analysieren, in welcher Weise Sie mit Ihrer Angst umgehen. Wie weit liegen die beiden Summen von (a) *Angst* und (b) *Vermeidung* auseinander?

▧ *Angst und Vermeidung differieren nicht (unter sechs Punkten Differenz).* Sie geben sich redlich Mühe, die Sprechsituationen des Alltags zu meistern und ihnen nicht auszuweichen. Das ist gut so! Wenn Sie trotzdem einen Leidensdruck verspüren, schauen Sie im nächsten Kapitel, welche Strategien zur Kontrolle von Angst Sie in den einzelnen Situationen einsetzen können.
▧ *Die Angstwerte sind höher als die Werte für Vermeidung (mehr als 6 Punkte).* Obwohl Sie in manchen Situationen Angst empfinden, stellen Sie sich vielen Anforderungen. Weiter so!
▧ *Die Werte für Vermeidung sind höher als die Werte für Angst (mehr als 6 Punkte).* Ihre Angst äußert sich in einem starken Vermeidungsverhalten. Das verschafft Ihnen zwar zunächst Erleichterung, führt aber langfristig nicht dazu, dass Ihre Angst sich reduziert. Trauen Sie sich an mehr Situationen heran und trainieren Sie selbstsicheres Auftreten!

**Welche Art von Angst empfinden Sie?** Betrachten Sie nun die einzelnen *Situationen*, die Ihnen besonders schwer fallen.
Was bereitet Ihnen im Kontakt mit anderen Menschen Angst? Schauen Sie zunächst, bei welchen Fragen Ihre höchsten Werte sowohl für Vermeidung als auch Angst liegen.

▧ Die Fragen *1, 2, 3, 4, 6* und *17* verkörpern den Themenbereich *Leistung/Bewertung.* Hohe Werte in diesen Situationen deuten darauf hin, dass Sie nicht gerne im Mittelpunkt der Aufmerksamkeit stehen und sich mit Ihrer Person einer Bewertung aussetzen. Sie fürchten, von anderen negativ eingeschätzt zu werden.
▧ Die Fragen *7, 9, 10, 12, 13* und *15* beziehen sich auf den Bereich *rednerischer Fertigkeiten.* Dazu gehören Techniken des Gesprächsaufbaus und des Sichdurchsetzens, wie seine Rechte einzufordern,

Kritik zu äußern, Forderungen abzulehnen und der Präsentation von Inhalten vor anderen. Hohe Werte bei diesen Fragen weisen auf Defizite dieser Fertigkeitsbereiche hin.

▪ Die Fragen *5, 8, 11, 14, 16* und *18* gehören zum Thema *Selbstdarstellung*. Ihnen macht es besonders Angst, vor anderen von Ihren Gefühlen und Ihrer Persönlichkeit zu reden, Ihre Meinung zu vertreten und sich zu verteidigen. Dahinter steckt die Befürchtung, vielleicht abgelehnt zu werden, wenn die anderen Sie näher kennen gelernt haben.

## Erstellen Sie eine Angsthierarchie

Sie haben nun die einzelnen Situationen, in denen Sie Angst empfinden, näher kennen gelernt und vielleicht auch Gemeinsamkeiten dieser Situationen erkannt, die Ihnen Hinweise für Veränderungsmöglichkeiten geben. Aus der Verhaltenstherapie stammt eine sehr wirksame Art des Trainings gegen Angst, die so genannte *systematische Desensibilisierung*. Bei dieser Methode geht man davon aus, dass die Angst verlernt wird, wenn man sich in entspanntem Zustand der Angst erzeugenden Situation schrittweise und dosiert in der Vorstellung – aber auch im Alltag selbst – aussetzt. Die empfohlene „Dosierungshilfe" ist dabei eine *Angsthierarchie*, bei der ängstigende Situationen nach der Stärke der zu erwartenden Angst geordnet werden. Die Grundlage dieses Trainings ist das Prinzip der kleinen Schritte, des systematischen Trainings und des langsamen Sich-daran-Gewöhnens. Es ist also nicht erforderlich, mit einem Vortrag auf einer internationalen Tagung zu beginnen, wenn Ihnen schon ein Referat im Arbeitsteam Probleme bereitet.

Angsthierarchien können sehr unterschiedlich aussehen. Wenn Sie eine wichtige Rede halten oder eine Prüfung ablegen müssen, empfiehlt sich eine Hierarchie der *zeitlichen Nähe*. Das wichtige Ereignis wird dabei in zeitliche Einzelschritte von der Vorbereitung bis zur Durchführung selbst untergliedert. Dabei lassen sich auch Dinge, die schief gehen könnten, einbauen und Reaktionsvarianten trainieren. Wenn Sie z. B. einen Vortrag halten sollen, könnte so oder so ähnlich Ihre Angsthierarchie aussehen, die eine schrittweise Annäherung an die gefürchtete Situation erlaubt:

1. Der Seminarleiter gibt der Gruppe bekannt, dass die Präsentation der einzelnen Reden in zwei Wochen stattfinden soll.

2. Sie sitzen eine Woche vor dem Termin an Ihrem gewohnten Arbeitsplatz und sichten Material.
3. Sie sitzen in der Gruppe und unterhalten sich über die Reden, die in drei Tagen gehalten werden sollen.
4. Sie sitzen zwei Tage vor dem Termin an Ihrem gewohnten Arbeitsplatz und schreiben ein Konzept für Ihre Rede.
5. Sie üben Ihre Rede allein in Ihrem Zimmer am Abend vor dem Termin.
6. Sie tragen Ihre Rede am Abend vorher einem Freund vor.
7. Sie ziehen sich am Morgen der Rede an.
8. Eine halbe Stunde vor Kursbeginn gehen Sie Ihre Notizen durch.
9. Sie gehen zum Seminarraum.
10. Sie betreten den Seminarraum.
11. Sie warten, während eine andere Person mit ihrer Rede dran ist.
12. Sie sind jetzt dran und gehen nach vorne.
13. Sie stehen vor dem Publikum, legen Ihre Notizen nieder und schauen die Zuhörer an.
14. Sie stehen vor Ihrem Publikum und beginnen mit dem ersten Satz Ihrer Rede.
15. Sie halten Ihre Rede. Sie schauen Ihr Publikum an.
16. Sie halten Ihre Rede. Es scheint nicht so gut zu laufen, wie Sie möchten.
17. Sie halten Ihre Rede. Sie verlieren den Faden.
18. Sie halten Ihre Rede. Sie sehen das Publikum an. Es wirkt desinteressiert.

Sie können *verschiedene Sprechsituationen*, die Ihnen Angst machen, in eine Reihenfolge bringen, indem Sie Noten von eins bis zehn vergeben: eine zehn für die stärkste Angst, eine eins für das geringste Angstempfinden. Erinnern Sie sich noch an das Fallbeispiel von Herrn K., dem Geologiestudenten? Er wollte möglichst perfekte Vorträge über seine Reisen halten und hatte Beklemmungen in Gesprächen mit Autoritätspersonen. Er stellte folgende Angsthierarchie auf:

1. Kritikgespräche mit guten Freunden
2. Kritikgespräche mit entfernten Bekannten
3. kurze Meinungsäußerung im Seminar
4. längerer Beitrag im Seminar
5. Äußerung von Kritik im Seminar
6. Gespräch mit dem Assistenten des Professors

7. Gespräch mit dem Professor
8. Referat halten
9. Vortrag vor einer großen, bekannten Gruppe
10. Vortrag vor großem Publikum halten

Eine andere Möglichkeit der Angsthierarchie ist die, innerhalb einer *Klasse von Situationen* eine Abfolge zu erstellen. Wenn Ihnen hauptsächlich das Sprechen vor Gruppen Probleme bereitet, wäre folgende Hierarchie hilfreich:

1. Sprechen allein vor dem Spiegel
2. Sprechen vor einem guten Freund
3. Sprechen vor einem kleinen Kreis von Freunden
4. Sprechen vor einem kleinen Kreis von guten Bekannten
5. Sprechen vor einem kleinen Kreis von Verwandten
6. Sprechen vor einem großen Kreis von Verwandten
7. Sprechen vor einem kleinen Kreis von Unbekannten
8. Sprechen vor einem großen Kreis von Unbekannten
9. Sprechen vor einem großen Kreis von Unbekannten
   (und die Aufregung wird sichtbar).

Wie gesagt, dass sind nur Beispiele für Angsthierarchien. Nicht jeder empfindet die gleiche Situation als gleich schwierig. Sie müssen Ihre eigene Reihenfolge und auch die Art der Situationen selbst herausfinden, die bei Ihnen weniger oder mehr Angst auslösen.

## Erstellen Sie sich Ihre Angsthierarchie!

ÜBUNG

Notieren Sie sich Situationen, die Ihnen Angst machen und bringen Sie sie in eine Reihenfolge entsprechend ihrer ängstigenden Wirkung. Welche Faktoren der Situation spielen für Sie eine besonders wichtige Rolle? Überlegen Sie, welche Details der Problemsituation wichtig sind: z. B. Status des Gesprächspartners, Vorhersehbarkeit oder Kontrollierbarkeit der Situation (vgl. Kapitel 1). Sie können dabei Situationen aus verschiedenen Bereichen nach ihrer Angst auslösenden Wirkung sortieren oder innerhalb eines für Sie wichtigen Themas bleiben. Hilfreiche Fragen bei der Erstellung einer solchen Übungshierarchie sind:

- In welcher Art von Redesituation verspüre ich Sprechangst?
- Um welche typischen Alltagssituationen handelt es sich dabei meistens? (Liste erstellen)
- Welche der Situationen ängstigen mich stärker, welche weniger? (Ordnen der Liste, z.B. durch Vergabe von Zahlen von eins bis zehn)
- Was muss ich können, um diese Situationen meistern zu können? (Vorbereitung)

Nutzen Sie Ihre Angsthierarchie als Basis für die Übungen, die in den folgenden Kapiteln beschrieben werden und vor allem zum Erstellen eines Trainingsprogrammes zum Weiterüben nach dem Lesen.

## Von Mythen und Etiketten

Den Mythos der Unabänderlichkeit von Sprechangst ist das erste, was sie ablegen müssen, wenn Sie sich verändern wollen. Dahinter steckt der Glaube, dass wir ein statisches unveränderbares Wesen in uns haben, quasi unsere Natur, die verantwortlich ist für das, was wir tun. Wir sagen: „Ich bin halt so, dagegen kann man nichts machen." Aber stimmt das? Das menschliche Verhalten ist veränderbar, wenn sich die Situation ändert. Wir passen uns jeweils den Herausforderungen der Umgebung an, in der wir uns befinden. Auch das ist unsere eigentliche Natur. Diese Fähigkeit, sich einer veränderten Umwelt anzupassen, war schon immer der Schlüssel zum Überleben. Warum sollten wir dann nicht auch unser Sprechverhalten den neuen Erfordernissen anpassen können?

Bisher haben wir über Sprechangst gesprochen als untersuchten wir ein Magengeschwür. Sie ist als unangenehme Erfahrung dargestellt worden, verursacht durch die Fehlfunktion unsere Gene, unseres Bewusstseins, unseres Körpers, unserer Erziehung oder durch die Gesellschaft. Vielleicht ist aber das Etikett der Sprechangst eher da als die Sprechangst selbst? Vielleicht halten Sie sich für sprechängstlich, weil jemand Sie als Kind als „still" oder „schüchtern" bezeichnete. Wir neigen alle zu Schubladendenken und Vorurteilen. Wenn Sie einmal bei einem Vortrag schwitzen, sind Sie dann gleich ein nervöser Mensch? Anstatt sich das Etikett „Ich bin ein schlechter Sprecher" zu geben, ist es sinnvoll, die *Situationen* genau zu beschreiben, die Ihnen unangenehm sind, z. B.: „Ich fühle mich unwohl, wenn ich unvorbereitet aufgefordert werde, zu reden." Je weniger Etiketten Sie mit sich tragen, umso leichter wird Ihnen die Veränderung Ihres Verhaltens fallen und umso besser können Sie an den Situationen arbeiten, die Ihnen schwer fallen. Dass es solche schwierigen Situationen gibt, heißt nicht, dass Sie ein Versager sind, sondern nur, dass bestimmte Situationen eben unangenehm sind.

## Realistisches Ziel

ÜBUNG

Setzen Sie sich ein *realistisches Ziel*, das Sie, nachdem Sie das Buch durchgearbeitet haben, erreichen möchten. Legen Sie dabei genau fest, wann Sie vor wem welche Sprechleistung abhalten wollen. Das kann ein Referat, ein Vortrag, ein wichtiges Gespräch, ein Diskussionsbeitrag oder einfach die Teilnahme an Situationen, die Sie sonst vermeiden, sein. Erstellen Sie einen Zeitplan und planen Sie mögliche Fehler und Störungen ein. Welche kleinen Schritte sind nötig, um das Ziel zu realisieren? Bedenken Sie: Der Weg ist das Ziel! Es ist zunächst wichtiger, überhaupt zu sprechen als möglichst gut zu sprechen.

# 3    Erste-Hilfe-Kasten bei Sprechangst

Haben Sie nicht genügend Geduld oder Zeit, sich mit einem längeren Training auseinander zu setzen? Steht Ihnen schon in der nächsten Woche ein großer Vortrag oder eine Präsentation ins Haus? Suchen Sie nach sofort wirksamen Strategien, mit denen Sie Ihre Sprechangst in den Griff bekommen können? Hier finden Sie einige Tipps aus dem „Medikamentenschränkchen" der angewandten Rhetorik. Doch beachten Sie: Mit diesen Tipps können sie nur im „Notfall" gegen die Symptome angehen. Das eigentliche Problem – ihre Sprechangst – lösen Sie damit nicht.

## Zehn Tipps für Eilige

**TIPP 1**                                                    **Als Erster sprechen**

Situationen, in denen alle der Reihe nach drankommen, wie z.B. Vorstellungsrunden, sind für viele Menschen unangenehm. Eine wirkungsvolle Strategie ist es, zuerst das Wort zu ergreifen. Geht dies nicht, weil die Reihenfolge schon feststeht, helfen Sie sich mit dem Gedanken, dass die meisten Teilnehmer der Runde ähnlich empfinden wie Sie, auch wenn sie sich generell nicht als sprechängstlich bezeichnen würden. Ihr angespanntes Gefühl in solchen Situationen ist also völlig normal.

Auch in Diskussionsrunden sollten Sie frühzeitig einen Redebeitrag leisten. Das muss inhaltlich gar nichts Wichtiges sein. Denn in einer Diskussion sind die Rollen, wer etwas zu sagen hat, bald verteilt und Sie in der Schublade des Schweigsamen gelandet. Wenn Sie später doch noch etwas sagen, wird man Ihnen nicht mehr so genau zuhören wie man dies am Anfang noch tut.

**TIPP 2**                                                          **Ablenkung**

In Situationen, die Sie nicht kontrollieren können, ist *Ablenkung* das beste Mittel der Wahl. Sitzen Sie nicht stundenlang vor einer Prüfung vor dem Zimmer des Prüfers und rekapitulieren den Stoff, sondern gehen Sie spazieren, telefonieren Sie, lenken Sie sich ab. Sie können zu diesem Zeitpunkt sowieso keine Wissenslücken mehr füllen, sondern steigern sich nur in Ihre Ängste hinein. Nutzen Sie die verbleibende Zeit für entspannende Tätigkeiten.

## Zittern verbergen TIPP 3

Wenn Sie bei Referaten, Vorträgen oder Präsentationen unter Händezittern leiden, legen Sie den Pointer oder Stift, mit dem Sie etwas zeigen möchten, auf die Folie des Overheadprojektors. Zeigen Sie nicht „frei hand", denn das Gerät vergrößert bei der Projektion auch Ihr Zittern. Zittern ist ein Zeichen dafür, dass Ihr Körper die angestauten Stresshormone abbaut und die Angst unter Kontrolle zu bringen versucht. Gönnen Sie ihm also die Zeit, die er für diesen Vorgang braucht, aber legen Sie Ihr Zittern nicht noch unter das Vergrößerungsglas eines Projektors.

## Aufmerksamkeit auf andere lenken TIPP 4

Manch einem hilft es, wenn er aus einer Bewertungssituation, bei der er allein sprechen muss, die Aufmerksamkeit für kurze Zeit von sich auf andere lenken kann, z. B. durch Fragen an das Publikum. Wenn aus der monologischen Situation plötzlich eine Gesprächssituation wird, verteilt sich die Aufmerksamkeit der Zuhörer auf mehrere Sprecher und das verringert den Druck für den sich exponiert fühlenden Redner. Häufig genügt diese kleine Pause, um die innere Aufregung in den Griff zu bekommen und gelassener weitersprechen zu können.

## Flucht nach vorn TIPP 5

Freiwilligkeit baut Angst ab. Melden Sie sich freiwillig. Warten Sie nicht, bis man Sie zu etwas verdonnert, z. B. ein Protokoll zu schreiben und dann vor einer Gruppe vorzulesen. Erstens stellt jede Redesituation eine gute Trainingsmöglichkeit dar, zweitens beugt die *Flucht nach vorn* der Entstehung von Angstgefühlen wirksam vor und drittens haben Sie eine Aufgabe dann schon hinter sich, während die anderen noch darauf warten müssen. Wenn Sie wissen, dass alle drankommen werden, versuchen Sie, einer der Ersten zu sein.

## Gewöhnungseffekt nutzen TIPP 6

Jeder Körper gewöhnt sich nach einer gewissen Zeit an eine Situation, auch an eine, die zunächst unangenehm erscheint. Körperliche Stresssymptome lassen dann spürbar nach. Nutzen Sie diesen *Gewöhnungs-*

*effekt*, um das Gefühl kennen zu lernen, wie es ist, wenn die Angst nach einiger Zeit nachlässt, während Sie weitersprechen. Bleiben Sie so lange in einer Ihnen unangenehmen Situation, bis die Anspannung spürbar nachlässt. Sie werden dann vielleicht sogar den „turning point" erleben, an dem das Sprechen in der Öffentlichkeit beginnt, Ihnen Spaß zu machen und Sie es genießen können, im Mittelpunkt zu stehen.

## TIPP 7                                                  Körperliche Aktivierung

Verfallen Sie bei einem Blackout während des Sprechens nicht in eine körperliche „Angststarre". Ein Blackout ist die Folge einer übermäßigen Hormonproduktion im Körper. Diese Stresshormone müssen langsam abgebaut werden. Sie können diesen Prozess durch *körperliche Aktivierung* beschleunigen. Wenn Ihnen der Faden gerissen ist, entsteht eine kleine Pause. Niemand außer Ihnen weiß, dass diese Pause deshalb eintritt, weil Sie stecken geblieben sind. Nutzen Sie sie, um sich zu bewegen: Stehen Sie auf, gehen Sie ein paar Schritte, strecken Sie die Zehen, lassen Sie den Kugelschreiber fallen und heben Sie ihn auf, öffnen Sie das Fenster etc. Diese kurzen „Auszeiten" werden vom Publikum oft dankbar aufgenommen.

## TIPP 8                                                          Notizen nutzen

Wenn Sie den roten Faden verlieren, schauen Sie zunächst auf Ihr Manuskript bzw. Ihre Stichwort-Karten oder Folien, wie es weitergeht. Suchen Sie in aller Ruhe die Anschlussstelle. Sie blamieren sich nicht. Es ist durchaus üblich, nach einer gewissen Zeit der freien Rede einen Blick auf die Vorlage zu werfen. Bei einem *Blackout* können Sie einfach das zuletzt Gesagte wiederholen oder auch eine Zusammenfassung des bisherigen Inhalts einschieben. Machen Sie aus der Not eine Tugend, indem Sie sich vergewissern, ob die Zuhörer Fragen haben, bevor Sie zum nächsten Punkt übergehen. Sie können auch an einer anderen Stelle Ihres Vortrages fortfahren. Ihre Zuhörer wissen nicht, was als nächstes kommt und vermissen dementsprechend auch nichts. Auf keinen Fall sollten Sie krampfhaft nachgrübeln, wie es weitergeht. Sollte das Ausgelassene sehr wichtig sein, können Sie später immer noch darauf zurückkommen.

## TIPP 9                                                  Sprechangst thematisieren

Wenn Sie unter der *Angst vor der Angst* leiden, können Sie sich eine Strategie zurechtlegen, um Ihren Zuhörern Ihre Sprechangst zu erklären; z.B. führt das Zugeben dessen, dass man etwas aufgeregt ist, zu Beginn eines

Vortrages häufig dazu, dass sich später erst gar keine Angstsymptome zeigen. Wenn Sie Ihre Sprechangst ankündigen, müssen Sie sie nicht verstecken oder bekämpfen. Ein Angstkreislauf setzt dann gar nicht erst ein. Diese Strategie kann jedoch nicht in allen Alltagssituationen empfohlen werden: Was die eine Gesprächsrunde sympathisch findet, kann ein anderer Zuhörerkreis als unpassendes Heischen um Mitleid interpretieren.

### Sprechpausen einplanen                                              TIPP 10

Wenn eine veränderte Atmung oder Stimmqualität die stärksten Symptome Ihrer Angst darstellen, planen Sie *Sprechpausen* ein. Dadurch verändert sich auch Ihr Sprechtempo. Wer Angst hat, möchte häufig seine Rede bald hinter sich haben, deshalb spricht er schneller. Nur leider erleichtert das den Zuhörern nicht gerade das Verständnis und wird als Unsicherheit bewertet. Deshalb nehmen Sie sich die Zeit, *während* des Sprechens immer wieder Pausen zu machen, in denen Sie tief und langsam in den Bauchbereich atmen und vor allen Dingen: Atmen Sie *aus*, bevor Sie weitersprechen. Bedenken Sie: Untersuchungen haben gezeigt, dass die Zuhörer eine Sprechpause von bis zu sieben Sekunden als normal und nicht als Steckenbleiben oder Desorientierung wahrnehmen, während der Sprecher selbst diese Pause als wesentlich länger empfindet. Also: Mut zur Pause!

## Risiken- und Nebenwirkungen von Tipps

Diese Tipps werden als Alltagswissen von Sprecher zu Sprecher weitergegeben oder finden sich unter dem Stichwort *Lampenfieber* in vielen Rhetorikratgebern. Leider wird dort auch manch unpraktikabler oder sogar gefährlicher Tipp als hilfreich angepriesen, wie „Trinken Sie Alkohol vor einer Rede." oder „Schalten Sie ab und hoffen Sie das Beste." Diese Strategien haben gemeinsam, dass sie nicht direkt an der Ursache oder am sprechängstlichen Verhalten ansetzen und sie einen Teil des Vermeidungsverhaltens bei Sprechangst verkörpern, also dazu führen, dass die Angst noch schlimmer wird. Natürlich können Sie versuchen, Ihre Angstsymptome zu kaschieren: So können Sie, wenn Sie unter Rotwerden oder roten Flecken am Hals leiden, Make-up auflegen und Halstücher oder Rollkragenpullover tragen. Oder, wenn ihre Stimme schwankt und heiser wird, dies als Erkältung definieren, die Sie eventuell daran hindern wird, weiterzusprechen. Sicher kann das in manchen Situationen Erleichterung verschaffen. Sie können Ihre Angstsymptome verstecken, indem Sie in der Öffentlichkeit weder essen noch trinken, um Ihre zitternden, schweißnassen Hände zu verbergen.

Fragen Sie sich aber, ob Sie solch ein „Medikament" wirklich langfristig einsetzen wollen. Denn Vertuschungsmanöver machen Sie zum Sklaven Ihrer Erklärungen. „Ohne" geht es plötzlich nicht mehr, Sie sind abhängig und können sich eine Sprechsituation ohne Ihr „Medikament" nur als schwer erträglich und bedrohlich vorstellen. Sie ziehen sich damit freiwillig ein soziales Zwangskorsett an. Wer Medikamente einnimmt, sollte deshalb immer um deren Risiken- und Nebenwirkungen wissen.

Die Tipps zur Ersten Hilfe sind nur als Notprogramm gemeint. Wenn Sie dauerhaft Ihre Sprechängste unter Kontrolle halten wollen, sollten Sie es mit einer intensiven „Therapie" versuchen, wie es als Training in den folgenden Kapiteln beschrieben wird, um sicher reden zu können. Zugegeben, das kostet mehr Energie als die Einnahme eines „Medikamentes". Noch mehr Energie und vor allem Lebensqualität kostet es Sie jedoch, wenn Sie Ihre Sprechängste weiterhin Ihr Leben kontrollieren lassen.

## Gegenanzeigen

Unverträglichkeiten von Sprechängsten mit einigen anderen „Medikamenten" sind ebenfalls bekannt. Nicht in den „Medikamentenschrank" gehören deshalb:

**Alkohol:** Manch Sprechängstlichen hat die Erfahrung, dass Alkohol angstmindernd wirkt, dazu verleitet, ihn als regelmäßiges Beruhigungsmittel einzusetzen. Aber hier droht ein Teufelskreis: Durch die ständige Belastung mit Alkohol wird man nur nervöser und angstanfälliger, die allgemeine Leistungsfähigkeit nimmt ab und natürlich kann man davon abhängig werden. Seien Sie sich der Gefahren also bewusst. Zudem sinkt das Selbstbewusstsein, belastende Situationen jemals ohne dieses Hilfsmittel durchstehen zu können. Auch ist die richtige Dosierung äußerst schwierig: Bis zu welcher Dosis Alkohol wirken Sie wie ein angstfreier Redner und ab welcher Dosis wie ein alkoholisierter Redner?

**Koffein:** Koffeinhaltige Getränke gehören in Prüfungszeiten zum Standardrepertoire der meisten Prüflinge. Obwohl Koffein nachgesagt wird, es steigere die Konzentration, kann sich durch übermäßigen Genuss die Angstbereitschaft erhöhen. Überprüfen Sie deshalb Ihren Kaffee- oder Colakonsum, wenn Sie zu Sprechangst neigen.

**Medikamente:** Natürlich gibt es auch chemische Substanzen, die angstmindernd wirken. Diese bewirken jedoch nur eine aktuelle Symptomunterdrückung. Die zugrunde liegende Angststörung wird nicht beseitigt, denn die Pille gegen Sprechangst ist (noch) nicht erfunden. Die meisten Psychopharmaka sind nicht für eine Dauermedikation geeignet, da auch hier Risiken von Abhängigkeit und Nebenwirkungen bestehen. Alle diese Medikamente sind zudem rezeptpflichtig. Manchmal kommt es nach Absetzen eines Medikamentes zu einem so genannten „Jo-Jo-Effekt" und das Vermeidungsverhalten ist nachher größer als es vorher war.

Trotzdem kann es in Fällen hoher Angstbelastung oder als Ergänzung zu anderen Therapiemaßnahmen zunächst sinnvoll sein, Medikamente einzusetzen. Medikamente können kurzfristig das Angstempfinden reduzieren, aber langfristig sind psychologische Verfahren wirksamer, vor allem wenn es um das Erlernen selbstsicheren Verhaltens in unterschiedlichsten Situationen geht.

Bei Sprechängsten erlauben Psychopharmaka, die Situation zu entkrampfen und einen Prozess der persönlichen Veränderung zu begleiten oder die Wirkung einer Psychotherapie zu beschleunigen. Es haben sich dabei drei Substanzgruppen bewährt:

- *Betablocker* setzen an den angstbedingten körperlichen Symptomen, wie z.B. der erhöhten Herzfrequenz oder der Schweißproduktion an. Sie wirken auf die Beta-Rezeptoren, also genau der Stelle, an der auch die Stresshormone in Aktion treten und verhindern deren Folgen im Körper.
- *Benzodiazepine* sind Beruhigungsmittel und wirken rasch auf die psychischen Symptome von Angst, können aber Nebenwirkungen, wie Konzentrations- und Gedächtnisstörungen, Artikulationsstörungen und Schwindel nach sich ziehen und besitzen außerdem ein hohes Abhängigkeitspotenzial.
- *Antidepressiva* verringern die emotionalen und kognitiven Symptome von Sprechangst. Anders als Betablocker können sie jedoch nicht punktuell angewendet werden, da sie kontinuierlich eingenommen werden müssen. Die Rückfallquote nach einer Behandlung ist sehr hoch.

# 4   Sicher Reden – Was ist das?

Unter sicherem Reden – in der Fachsprache: *sprecherischer Kompetenz* – versteht man ein Bündel von Fähigkeiten, die ein Mensch im Laufe seines Lebens erlernt hat und die Menschen dazu dienen, besser miteinander auszukommen. Dazu gehören die sprachliche Ausdrucksfähigkeit und das Formulierungsvermögen *(verbale Ebene)*, aber auch Botschaften, die ohne Sprache dem Gesprächspartner vermittelt werden, z. B. über die Mimik und Gestik, den Blickkontakt und die Körperhaltung *(nonverbale Ebene)*. Aber auch über die Stimme werden Informationen vermittelt *(vokale Ebene)*. Ob ich laut oder leise spreche, monoton oder dynamisch, verändert den Inhalt des Gesagten. Diese Verhaltensweisen werden zum großen Teil im Laufe der Kindheit erworben. Manche Menschen erlernen sie allerdings besser als andere. Aber auch als Erwachsener kann man noch Fertigkeiten neu erwerben oder sein Können weiter perfektionieren.

Das Wissen um sprecherische Defizite kann zu Sprechangst führen. Stellen Sie sich vor, Sie reisen in ein fremdes Land und werden dort zum Essen eingeladen, ohne die Tischsitten Ihrer Gastgeber genau zu kennen. Wahrscheinlich würden Sie mit einem mulmigen Gefühl vor unbekannten Speisen und Esswerkzeugen sitzen und Angst haben, sich zu blamieren. Viel sicherer werden Sie sich dagegen während Ihrer heimischen Mahlzeiten und vertrauten Essensriten fühlen.

Durch den Ausbau rednerischer Fähigkeiten lässt sich Sprechangst jedoch verringern. Sie können dann auf ein Repertoire an Fertigkeiten zurückgreifen und schwierige Situationen besser meistern.

## Unsicheres, selbstsicheres und aggressives Verhalten

Geringe Lautstärke, monotone Stimmführung, schnelles Nachgeben in Gesprächen, fehlender Blickkontakt, unflüssige Sprache (Versprecher, ‚Hängenbleiben‘), wenig ausgeprägte Gestik, verkrampfte Körperhaltung oder die Unfähigkeit zu eindeutigen Forderungen in Gesprächen werden als Symptome für Sprechangst gewertet. Die Fertigkeit, erfolgreich in ein Gespräch einzugreifen, nimmt mit zunehmender Sprechangst ab, ebenso wie die Fähigkeiten, ein Gespräch zu beginnen und zu kontrollieren.

Betrachtet man den Inhalt dessen, was Sprechängstliche äußern, so machen sie häufiger negative Bemerkungen über sich, reden kaum über Persönliches, stellen weniger direkte, aber häufiger rhetorische Fragen und wiederholen sich öfter als Nichtsprechängstliche (Consbruch/Stangier 2010). Zudem ist das kommunikative Verhalten Sprechängstlicher durch ein mangelhaftes Durchsetzungsvermögen in den Bereichen ‚Forderungen stellen' und ‚Widersprechen' gekennzeichnet.

Unsicherem Verhalten steht das aggressive Verhalten gegenüber. Viele unsichere Menschen verstecken sich hinter der Maske der Aggression. Dies ist ihnen lieber, als ihre Schüchternheit zuzugeben. Wenn sie sich schon nicht angemessen zu verhalten wissen, sind sie lieber zynisch oder überkritisch zu ihren Mitmenschen. Sie geben vor, das, was sie nicht beherrschen, gering zu schätzen oder setzen sich schließlich unangemessen barsch durch. So äußerte sich eine Klientin immer sehr abwertend über die vermeintliche Banalität des Smalltalks, ohne sich ihre mangelnden Fähigkeiten zu diesen kleinen Gesprächen im sozialen Kontakt einzugestehen. Da sie immer sofort hinter der Wohnungstür verschwand, ohne mit den Nachbarn ein paar Worte zu wechseln, galt sie bald als arrogant. Ein anderer Klient hatte Schwierigkeiten, geliehene Bücher oder Geld zurückzufordern. Tat er es nach langer Zeit schließlich doch, geschah dies auf sehr barsche Weise, sodass sich seine Bekannten vor den Kopf gestoßen fühlten.

Jedes Verhalten hat seine Berechtigung, aber auch Nachteile. Wer zu unsicher auftritt, verbraucht zwar wenig Energie, erreicht jedoch oft seine Ziele nicht. Wer zu aggressiv auftritt, muss mit Gegenwehr und Ablehnung seiner Gesprächspartner rechnen. Selbstsicher zu sein heißt, klar und direkt auszudrücken, was man denkt, wünscht und fühlt. Selbstsicheres Verhalten hat immer das Ziel einer gleichberechtigten Beziehung zwischen den Menschen. Es ist ebenso wichtig, was der Gesprächspartner denkt, wünscht und fühlt. Solch ein Verhalten ist – im Gegensatz zu unsicherem oder aggressivem Verhalten – in vielen Alltagssituationen angemessen. Manche unsicheren Menschen reagieren nur aggressiv oder überheblich, um ihre innere Unruhe und Ängstlichkeit vor anderen Personen zu verbergen und um sicher zu wirken. Wenn ihnen dann entsprechende Reaktionen der Umwelt entgegenschlagen, die anderen abwehrend reagieren oder vielleicht den Kontakt zu ihnen abbrechen, sind sie zutiefst betroffen und fühlen sich missverstanden.

**DEFINITION**

Was versteht man unter selbstsicherem Verhalten? Es ist die goldene Mitte zwischen den beiden Extremen Aggressivität und Selbstunsicherheit.

Die Beherrschung folgender vier *Fertigkeiten der Selbstbehauptung* (Ullrich de Muynck/Ullrich 1976) führt langfristig zur Verminderung der Angst und zu positiven Sprecherfahrungen:

- die Fähigkeit, Forderungen zu stellen,
- die Fähigkeit, Gespräche zu beginnen, aber auch zu beenden (verbaler Kontakt),
- die Fähigkeit, Nein zu sagen,
- die Fähigkeit, positive und negative Gefühle zu äußern (z. B. Kritik) und darauf zu reagieren.

Welche Verhaltensweise auf verbaler, nonverbaler und vokaler Ebene nun landläufig als selbstsicher, unsicher oder aggressiv gewertet werden, zeigt ein Beispiel:

Herr L. räumt seine Sachen auf das Band an der Kasse des Supermarktes. Da fragt ein junger Mann hinter ihm, ob Herr L. ihn vorlassen könne.

Stellen Sie sich die Frage des jungen Mannes drei Mal hintereinander gleich gestellt vor, Herr L. gibt jedoch drei verschiedene Antworten:

- *Antwort A:* „Ja, äh, ich, weiß nicht, ich wollte, äh, ... dann gehen Sie schon vor ...“
- *Antwort B:* „Das geht leider nicht, ich habe es selbst eilig.“
- *Antwort C:* „Ja, bin ich denn der Vorlasser? Kommt doch alle her und geht vor! Na, los doch!“

Welche Antwort wirkt auf Sie sicher, welche aggressiv und welche eher unsicher?

Diese drei Antworten zeigen das „Was“ einer Äußerung. Das „Wie“ der Kommunikation ist leider nicht hörbar und sichtbar, das heißt nonverbale und vokale Anteile müssen zunächst unberücksichtigt bleiben. Frau B., die Nachbarin von Herrn L. hat jedoch die Szene beobachtet und ergänzt für uns die fehlenden Informationen. Sie notierte:

*Antwort A:*
- *nonverbal:* kein Blickkontakt, keine Gestik, die Körperhaltung wendet sich vom Fragenden ab
- *vokal:* Stimme: zu leise, monoton, Füllwörter, wie „äh" etc.

*Antwort B:*
- *nonverbal:* zugewandte, aufrechte Haltung, Blickkontakt, freundlicher Gesichtsausdruck
- *vokal:* angemessen laut, betont

*Antwort C*
- *nonverbal:* geht auf den Fragenden zu, stemmt die Hände in die Seiten, ausladende Geste des Vorbeiwinkens zu den anderen Wartenden, starrt den Fragenden an
- *vokal:* sehr laut, ausgeprägte Betonung

Zusätzlich notiert sich die Nachbarin die *Wirkung* der drei Antworten. Sie findet Antwort A zu unsicher und unpräzise formuliert und Antwort C barsch und übertrieben in der Wortwahl, während Antwort B auf sie einen sachlichen und klaren Eindruck machte.

Und der junge Mann? Wie fühlte sich der Fragende bei Antwort A, B oder C? Frau M. beobachtete, wie er bei Antwort A mit zufriedener Miene und einem gemurmelten Dank an Herrn L. vorbei zur Kasse ging, bei Antwort B. mit einem Schulterzucken wartete, bis Herr L. vor ihm dran war und im Falle von Antwort C empört einen Schritt zurückwich, kopfschüttelnd die anderen Käufer in der Warteschlange ansah und dabei leicht errötete. In Tabelle 1 finden Sie weitere Kriterien selbstsicheren, unsicheren und aggressiven Verhaltens.

## Klischees der Geschlechter

Welche *geschlechtsspezifischen Klischees* und Assoziationen verbinden wir mit den Begriffen unsicher und aggressiv? Anzeichen von Emotionalität wurden in früheren Epochen nicht immer als Ausdruck von Schwäche verstanden. In der Romantik wimmelte es nur so von Helden, die sehr emotional reagierten. Doch heute ist Selbstkontrolle angesagt. Emotionalität ist bei Frauen übrigens besser gelitten als bei Männern, in gewisser Weise finden wir sie dort sogar reizvoll, wenn sie ein gewisses Maß nicht übersteigt oder in Hysterie ausartet.

In den achtziger Jahren des vorigen Jahrhunderts fühlten sich

|  | unsicher | selbstsicher | aggressiv |
|---|---|---|---|
| **A verbal** | „Weichmacher": Ich glaube, ich weiß nicht | Ich-Botschaften | Anklagen, Befehle, Du-Botschaften |
| **Inhalt** | Verleugnung eigener Bedürfnisse, überflüssige Begründungen und Entschuldigungen, Gefühle nur indirekt spürbar | Ausdrücken eigener Bedürfnisse, Wünsche und Gefühle, klare Begründungen | keine Begründungen, Beleidigungen, Drohungen, Kompromiss-losigkeit |
| **Formulierung** | unklar, Füllwörter wie äh, tja!, also etc. | eindeutig | drohend, beleidigend |
| **B nonverbal** | Gesichtsaus-druck wider-spricht Worten, kein Blick-kontakt | angemessener Blickkontakt | kein Blickkontakt oder zuviel (Anstarren) |
| **Körper-haltung** | gebeugt, exzessives Kopfnicken | beide Beine fest auf den Boden, gerade, aufrecht, entspannt | Hände in die Hüften gestemmt, Beine gespreizt, steif, starr |
| **Hände** | Unruhig, nervös, feuchtkalt, ver-krampfte oder kaum vorhande-ne Gestik | entspannte Bewegungen, unterstreichend, lebhaft | unkontrolliert, ausladend, abrupte Gesten, drohend, mit dem Finger zei-gend, mit der Faust auf den Tisch schlagend |
| **C vokal** | Leise, zaghaft, schwach, schwankend | laut, klar, entspannt, ausdrucksvoll | erregt, schrill, laut, bebend, brüllend |

Frauen von Sprechangst häufiger betroffen als Männer, was in der feministischen Literatur als Folge ihrer Sozialisation interpretiert wurde. Frauen wurden zu weiblichem Verhalten erzogen, das als zurückhaltend, sanft und wenig aggressiv definiert wurde. Ganz ähnlich äußert sich auch sprechängstliches Verhalten. So verwundert es nicht, dass unsicheres Verhalten bei Frauen häufig mit Assoziationen wie „feminin", „angenehm", „hilfsbereit", „liebenswürdig" und „fürsorglich" belegt wird, während unsichere Männer eher als „hilflos", „nervös", „schwach" und „sentimental" gelten. Aggressive Männer werden als „erfolgreich", „stark", „energisch" und „dominant" bewertet, aggressive Frauen dagegen mit Adjektiven wie „hart", „unverschämt", „herrschsüchtig" und „unsympathisch" belegt (Pull 2012).

Heute verschwimmen die Klischees. Immer mehr Männer gestehen sich Sprechängste ein und sind bereit, sie zu bekämpfen. Das Selbstbild des aggressiven Mannes verliert seinen positiven Stellenwert ebenso wie das des unselbständigen weiblichen „Hascherls". Neue Rollendefinitionen müssen entstehen. Doch was im Privatleben manchem schon gelingt, scheitert oft an einem verkrusteten Denken im Beruf. Hier werden noch immer Durchsetzungsvermögen, sicheres Auftreten und aggressives Dominanzstreben von einer Führungskraft erwartet. Das Zugeben von Ängsten hat dort selten Platz. Umso verständlicher ist es, dass Sprechängste besonders im Berufsleben zum Problem werden können.

## Der Umgang mit Aggressionen

Den eigenen Ärger auszudrücken oder mit dem Ärger der anderen umzugehen, fällt jenen Menschen schwer, die gelernt haben, dass Zornausbrüche völlig tabu sind. Viele sorgen sich darum, was andere von ihnen denken könnten, wenn sie ihrem Ärger freien Lauf lassen. „Ich mache mich unbeliebt!", ist ihre Befürchtung. Wieder andere sprechen sich selbst das Recht ab, zornig zu sein: „Reife, vernünftige Menschen geraten nicht in Wut." Dabei wird übersehen, dass Zorn eine ganz normale Reaktion ist. Sie sollten daher Ihre Emotionen als berechtigt akzeptieren. Andererseits sollten Sie aber auch erkennen, dass es möglich ist, Ihren Ärger auf selbstsichere Weise auszudrücken. Verleugnen der Wut um des lieben Friedens willen, Anstauen von altem Ärger bis zur unkontrollierbaren Explosion, mal „die Sau rauszulassen" auf Kosten unschuldiger Dritter oder der beleidigte Rückzug sind keine selbstsicheren Verhaltensweisen. Teilen Sie den anderen direkt mit, was Sie empfinden und was Sie von ihnen erwarten. Bleiben Sie im Gespräch. Auch mit sich und Ihren Gefühlen.

Und wenn jemand anderes wütend auf Sie ist? Fühlen Sie sich dann nicht angenommen, schuldig an seiner Wut oder werden Sie ebenfalls wütend? Entschuldigen Sie sich oder ziehen Sie sich zurück? Bedenken Sie, Sie haben das Recht, näher erklärt zu bekommen, was den anderen stört, um darauf antworten zu können. Und zwar in einer sachlichen, nicht verletzenden Art und Weise. Sie haben auch das Recht, sich gegen die Aggressionen anderer zu wehren.

DEFINITION

**Selbstsicheres Verhalten** ist
- die Fähigkeit, Forderungen zu stellen,
- die Fähigkeit, Gespräche zu beginnen, aber auch zu beenden (verbaler Kontakt),
- die Fähigkeit, nein zu sagen,
- die Fähigkeit, positive und negative Gefühle zu äußern (z.B. Kritik) und darauf angemessen zu reagieren.

# 5  So können Sie Ihre Sprechängste überwinden

Unabhängig davon, worin die Angst ursächlich begründet liegt: Selbstsicheres Verhaltenes kann man trainieren. Durch bloßes Wissen um die Ursachen allein wird die Angst noch nicht weniger. Das *aktuelle* Verhalten muss sich ändern, Defizite müssen abgebaut und bisher vermiedene Situationen müssen trainiert werden.

In diesem Kapitel finden Sie viele Techniken zur Bewältigung von Sprechängsten. Zum großen Teil basieren Sie auf anerkannten psychotherapeutischen Strategien, die auch bei der Behandlung anderer Ängste wirksam sind. Zum Teil wurden Techniken speziell der Redeangst angepasst, aber auch neue Übungen entwickelt. Alle Techniken sind im Laufe mehrerer Jahre von meinen Seminarteilnehmern erprobt und weiterentwickelt worden. Da Menschen verschieden sind, sind nicht alle Techniken für jeden gleichermaßen praktikabel. Wie in einem Supermarkt können Sie zunächst die Übungen, die Ihnen spontan zusagen und die Sie in Ihrem Alltag für durchführbar halten, auswählen. Probieren Sie aber auch die restlichen Übungen aus. Manche Dinge brauchen Zeit, bis man sich an sie gewöhnt hat und sie entfalten ihre Wirkung erst nach mehrmaligem Üben. Nachdem Sie einen Überblick über die verschiedenen Veränderungsmethoden und deren Kombinationsmöglichkeiten gewonnen haben, können Sie Ihren persönlichen Veränderungsplan aufstellen. Die einzelnen Trainingsbausteine (Abb. 10) sind in drei Blöcke gegliedert:

- Techniken zur Kontrolle der körperlichen Aufgeregtheit (Bausteine *Atmung* und *Entspannung*)
- Techniken zur Kontrolle von besorgten Gedanken (Bausteine *innerer Film* und *Veränderung der Gedanken*)
- Techniken zur Kontrolle des Verhaltens (Bausteine *Sprechfertigkeit trainieren* und *systematisches Training*)

Am wirksamsten ist es, wenn Sie sich Übungen aus allen drei Gruppen zusammenstellen. Beginnen Sie immer mit den Techniken zur Reduzierung der körperlichen Symptome, denn diese erfordern die längste Trainingszeit. Sollte Ihnen eine Übung auch nach mehrmaligem Ausprobieren unangenehm sein, wählen Sie eine andere Technik, die Ihnen besser liegt.

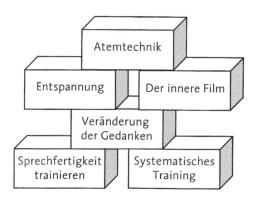

*Abb. 10:*
*Trainingsbausteine*

## Trainingsbaustein 1: Atemtechnik

> Matthias H. ist Werbefachmann und redet eigentlich gern. Nur in
> Situationen, die ihn verunsichern, spürt er eine Kurzatmigkeit, die
> ihn zwingt, Sprechpausen an unpassenden Stellen zu machen. In
> schlimmen Fällen wird seine Stimme dann auch höher, manchmal
> sogar zittrig.

In Stresssituationen beobachten wir an uns häufig eine flache und
schnelle Atmung, die so genannte *Hochatmung*. Sie ist die Folge innerer Aktivierungsprozesse, die uns in grauer Vorzeit zur Flucht be-
fähigten. Eine schnelle Sauerstoffaufnahme war dabei unerlässlich.
Das Zwerchfell, der Haupt-Atemmuskel, verkrampft sich dabei und
senkt sich bei der Einatmung nicht mehr vollständig ab. So wird nur
noch der obere Lungenbereich als Atemraum genutzt. Die Atemfrequenz steigt an und bereitet uns auf Höchstleistungen vor. In Ruhe,
wenn wir weder kämpfen noch flüchten müssen, können die Folgen
Hyperventilation, Schwindel und Übelkeit sein. Manch einer atmet
aber auch unbewusst flacher oder hält gar die Luft an, eine Art „Tot-
Stell-Reflex" ist am Werk und man möchte instinktiv nicht durch zu
laute Atemgeräusche auf sich aufmerksam machen. In solchen Situationen verschwindet die kurze Atempause nach der Ausatmung –
normalerweise ein Zeichen von Ruhe und Entspannung – und wir atmen nur noch ein und aus im steten Wechsel – ohne Erholungsphase.
    Viele Sprechängstliche leiden unter solch veränderter Atmung und
deren Folgen: eine erhöhte, zittrige Stimme, Kurzatmigkeit beim
Sprechen und das unangenehme Gefühl, zu wenig Luft zu bekommen.

Eine bewusst herbeigeführte tiefe Atmung im Bauch- und Flankenbereich wirkt dem entgegen. Sie reduziert die Spannung und schafft die beste Voraussetzung für ein Sprechen ohne Anstrengung. Diese Atmung wird häufig *Bauchatmung* genannt, da durch die Abwärtsbewegung des Zwerchfells andere Organe, wie der Magen, ausweichen müssen und von außen für den Atmenden so hauptsächlich eine Hebung der Bauchdecke sichtbar und spürbar wird. Aber natürlich betrifft dieser Vorgang die gesamte Körpermitte, also auch den Rücken- und Flankenbereich.

Atmung ist ein unwillkürlich ablaufender Körpervorgang und das ist gut so, weil wir uns nicht ständig Sorgen machen müssen, ob wir weiteratmen, z. B. im Schlaf. Atmung ist aber auch ein willentlich beeinflussbarer Vorgang. Und das ist unsere Chance zur Kontrolle der körperlichen Anzeichen von Aufregung. Atemübungen sind ohne großen Aufwand unauffällig vor und sogar während einer Sprechleistung durchführbar. Damit sind sie ein hervorragendes Mittel, um die körperlichen Symptome von Angst in den Griff zu bekommen.

## Atemübungen

### „Bauchatmung" im Liegen

ÜBUNG

Beginnen Sie mit allen Übungen im Liegen; das fällt vielen Menschen zunächst leichter als im Stehen oder Sitzen. Legen Sie sich bequem auf eine Unterlage. Sorgen Sie dafür, dass Ihre Kleidung Ihre Atmung nicht einengt. Legen Sie beide Hände unterhalb des Bauchnabels auf die Bauchdecke und nehmen Sie Ihren Atemrhythmus wahr: *Einatmung – Ausatmung – Atempause*. Bei der Einatmung hebt sich die Bauchdecke, bei der Ausatmung senkt Sie sich wieder. Versuchen Sie, die Atmung nicht zu verändern, sondern lassen Sie sie, wie sie natürlicherweise wäre. Beobachten Sie Ihren Atemrhythmus.

### „Bauchatmung" im Sitzen

Setzen Sie sich bequem auf einen Stuhl und lehnen Sie sich an, legen Sie die Hände in Nabelhöhe so auf die Bauchdecke, dass sich die Fingerspitzen berühren. Konzentrieren Sie sich auf Ihre Hände und versuchen Sie, die Einatmung dorthin zu lenken. Bei jeder Einatmung dehnt sich der Körper aus, sodass Ihre Fingerspitzen sich nicht mehr berühren, bei der Ausatmung haben die Hände wieder Kontakt. Atmen Sie einige Zeit in Ihrem normalen, nicht forcierten Atemrhythmus weiter. Wenn es Ihnen schwer fällt, eine Bauchbewegung wahrzunehmen, probieren Sie die Übung zunächst im Liegen aus.

## Atempause verlängern

Atmen Sie im Sitzen *tief* und *langsam* ein und aus. Nehmen Sie dabei wahr, wie die Bauchdecke sich hebt und senkt. Nach jeder Ausatmung machen Sie eine Atempause, die so lang ist, wie es Ihnen gut tut. Atmen Sie so einige Zeit langsam weiter. Eine verlangsamte Ein- und Ausatmung beruhigt und baut Stresssymptome ab. Verlängern Sie nun die Pause nach der Ausatmung so weit, wie es Ihnen noch angenehm ist.

## Maikäfer

Wenn Sie diese Übung richtig durchführen, werden Sie sich anhören wie ein brummender Maikäfer: Setzen Sie sich auf die Kante Ihres Stuhles und stützen Sie die Handflächen in die Flanken, die Handflächen zeigen nach hinten und befinden sich etwa in der Höhe der Nieren (siehe Abb. 11). Konzentrieren Sie sich auf Ihre Hände, bis Sie eine Atembewegung darunter spüren. Dann führen Sie bei jeder Ausatmung lockere Vibrationsbewegungen mit Ihren Händen aus, während Sie ein entspanntes „fff" artikulieren. Vielleicht erinnert Sie diese Handhaltung an die Pumpbewegungen eines Maikäfers vor dem Start. Achten Sie darauf, dass nur die Hände arbeiten; Oberarme und Schultern bleiben entspannt! Die Einatmung sollte dabei nicht bewusst gesteuert werden (z.B. dadurch, dass hörbar Luft eingeatmet wird), sondern von selbst erfolgen. Wenn Ihnen diese Übung gut gelingt, können Sie das „fff" durch ein entspanntes „www" ersetzen. Stellen Sie sich vor, dass Sie dabei in eine leere Flasche pusten und die Lippen dabei ganz locker wie zum Pusten nach vorne gestülpt sind.

*Abb. 11:*
*Haltung bei der*
*Maikäferübung*

Die **Trainingsziele** dieser Atemübungen sind:

- Verlängerung der Ausatmung
- Aktivierung der „Bauchatmung"
- entspannte Stimme

Dieses Verhalten steht im Kontrast zu den physiologischen Angstsymptomen: Hochatmung, Kurzatmigkeit und einer zu hohen, ‚piepsigen' Stimmlage.

## Atmung im Stehen

*ÜBUNG*

Stellen Sie sich locker hin: die Füße stehen hüftbreit auseinander, belasten Sie beide Beine gleichmäßig, die Knie sind leicht gebeugt und nicht durchgedrückt. Stützen Sie die Handflächen in die Taille (wie beim Volkstanz) und atmen Sie gegen die Hände tief und langsam ein. Die Atembewegung soll wie ein Schwimmreifen um die gesamte Körpermitte spürbar sein, der bei der Einatmung aufgepumpt wird und bei der Ausatmung wieder Luft verliert.

## Sprechatmung

**1. Vor dem Sprechen:** Die Vorbereitung auf das Sprechen erfolgt in mehreren Schritten. Ein wichtiger Punkt ist dabei die eigene *Sprechstimmlage*, das ist der Ton, zu dem ein Sprecher in entspanntem Zustand immer wieder zurückkehrt. Dieser Ton ist bei jedem anders, je nachdem ob wir von Natur aus eine hohe oder tiefe Sprechstimme haben. Unter Angst erhöht sich häufig durch Muskelverspannungen in Kehlkopf und Atmungsapparat dieser Ton. Auch tiefe Stimmen können dann unangenehm schrill und gepresst klingen und lassen sich bei Betonungen nicht mehr exakt steuern.

Vor dem Sprechen sollten Sie während der Wartezeit Ihre Sprechstimmlage suchen, sodass Sie mit diesem Ton im Ohr zu sprechen beginnen.

ÜBUNG

## Stimmlage zum Sprechen finden

Suchen Sie Ihre Stimmlage zum Sprechen (siehe Maikäferübung mit „www" oder stellen Sie sich vor, Sie machen ein gelangweiltes, aber zustimmendes Geräusch in einem Telefongespräch: „mhm").

Das ist der Ton, zu dem Ihre Stimme im entspannten Zustand zurückkehrt.

Schließlich sollten Sie direkt vor Sprechbeginn noch einmal Ihre Atmung überprüfen:

ÜBUNG

## Anti-Stress-Atmung

- Setzen Sie bewusst Ihre „Bauchatmung" (langsames Ein- und Ausatmen in den Bauchraum mit Atempause) ein und stellen Sie sich darauf ein, ruhig zu sprechen. Sehen Sie Ihr Publikum an, bevor Sie zu sprechen beginnen und nehmen Sie sich die Zeit, auch jetzt noch einige Male *tief* und *langsam* ein und aus zu atmen. Niemand erwartet einen Schnellstart von Ihnen!
- Konzentrieren Sie sich auf Ihre *Aus*atmung. Anstatt sich voll zu pumpen, atmen Sie aus, bevor Sie zu sprechen beginnen!

Da sich die Lunge nie ganz entleert, haben Sie auch nach einer Ausatmung noch genug Luft für den ersten Satz. Unter Angst haben wir die Tendenz, uns voll zu pumpen. Die Luft staut sich dann unter dem Kehlkopf und verstärkt die innere Anspannung und das körperliche Unwohlsein am Rednerpult. Probieren sie einmal aus, tief einzuatmen und dann die Luft anzuhalten. Spüren Sie den unangenehmen Druck und die Anspannung der Muskeln im Körper? Die Ausatmung dagegen ist mit Entspannung und dem Gefühl des Lockerseins verbunden. Sie sollte also immer im Mittelpunkt unserer Aufmerksamkeit stehen.

**2. Während des Sprechens:** Wenn Sie spüren, dass Sie während eines Vortrages oder Beitrages wieder kurzatmiger werden, machen Sie eine kurze Sprechpause, atmen Sie ganz aus und machen Sie danach eine bewusste Atempause. Die nächste Einatmung erfolgt dann in den Bauchraum. Ihre Zuhörer werden diesen kurzen Zeitraum als Konzentrations- und Gedankenpausen werten und sind oft dankbar, wenn sie beim Zuhören eine Pause machen dürfen.

**3. Nach dem Sprechen:** Wenn Sie wieder auf Ihrem Platz sitzen und es die Situation erlaubt, atmen Sie wieder einige Male tief und langsam in den Bauchraum. Genießen Sie die Entspannung und das Gefühl, es geschafft zu haben. Für die Atmung gilt ebenso wie für den folgenden Trainingsbaustein *Entspannung*: Je vertrauter und automatisierter der Vorgang der bewussten Bauchatmung für Sie ist, umso zuverlässiger können Sie aktiv Ängste damit beeinflussen. Deshalb üben Sie zunächst in entspannter, ruhiger Umgebung, bevor Sie die Techniken in den Sprechsituationen des Alltags anwenden.

> **Atmung** ist ein Körpervorgang, der zwar unwillkürlich abläuft, aber zusätzlich willentlich beeinflusst werden kann. Das ist Ihre Chance zur Kontrolle der körperlichen Anzeichen von Aufregung! Atemübungen sind ohne großen Aufwand vor, nach und sogar während einer Sprechleistung unauffällig durchführbar.
>
> FAZIT

## Probleme mit Atemübungen

Manchmal ist es zu Beginn der Beschäftigung mit der eigenen Atmung schwierig, sie wirklich so wahrzunehmen, wie sie ist. Sobald wir uns darauf konzentrieren, verändert sie sich und wird schneller oder langsamer. Das ist ein ganz normaler Mechanismus, der mit zunehmender Vertrautheit mit der Atmung nachlässt. Manchem fällt es dagegen schwer, eine „Bauchatmung" bewusst herbeizuführen. Die Atembewegung ist dann nur im Brust- und Schulterbereich spürbar. In solchen Fällen ist es hilfreich, Atemübungen vor einem Spiegel durchzuführen. Beobachten Sie außerdem Ihre Atmung direkt nach dem Aufwachen. Im Schlaf haben wir automatisch eine vertiefte Atmung im Bauch- und Rückenraum mit langen Atempausen dazwischen. Erst Stress und Hektik im Verlauf eines Tages lässt die Atmung „hoch rutschen" und beschleunigt die Atemfrequenz bis zum völligen Verschwinden der Atempause.

## Trainingsbaustein 2: Entspannung

Da muskuläre Anspannung unter Angst und Entspannung einander ausschließende Zustände sind, können mit dem Einsatz von Atmungs- und Entspannungsübungen die körperlichen Symptome von Angst aktiv beeinflusst werden. Es gibt verschiedene Entspannungstechniken; zum einen passive und vorstellungsgesteuerte wie das Autogene Training, zum anderen aktivere Verfahren wie die Progressive Muskelentspannung (PME). Die PME hat den Vorteil, dass Versionen verschiedener Länge möglich sind und andere Übungsbausteine sich gut damit kombinieren lassen. Die Beherrschung einer Entspannungstechnik stellt neben der Angstbewältigung auch eine Steigerung der Lebensqualität im Alltag dar. Wählen Sie ein Verfahren aus, dass Ihnen persönlich liegt. Bei allen Techniken, die zum Abbau von Sprechängsten hilfreich sind, kommen folgende Prinzipien zur Anwendung:

- *Selbstbeobachtung.* Entspannungstechniken sollten immer dann eingesetzt werden, wenn Sie schon die geringsten Anzeichen von Anspannung und Aufgeregt sein bemerken. Wer allerdings häufig unter Stress steht, gewöhnt sich an seine „Verspannungen" und nimmt sie im Alltag nicht mehr wahr. Die ersten Entspannungsübungen dienen deshalb zunächst einmal der Förderung der Wahrnehmung, welche Körperteile überhaupt verspannt sind. Erst nach einigen Trainingsdurchgängen stellt sich dann ein Gefühl von Entspannung ein und der Unterschied von Entspannung und Anspannung wird von Übung zu Übung deutlicher.
- *Regelmäßiges Training.* Damit Sie eine neue Technik auch in angstbesetzten Situationen abrufen können, müssen Sie das Verfahren sehr oft trainieren, damit es sich automatisiert. Angst und Entspannung sind konträre Zustände und je vertrauter Ihnen Ihre Entspannungstechnik ist, um so besser können Sie Ihre Sprechangst in den Griff bekommen.
- *Wehret den Anfängen!* Trainieren Sie die Techniken zunächst in angstfreien Situationen, später setzen Sie sie schon bei den ersten Anzeichen von körperlich spürbarer Angst in Alltagssituationen ein. Je eher Sie der Entstehung der üblichen Symptome entgegenwirken, umso wirksamer ist das Verfahren. Warten Sie nicht erst den „Super-GAU" ab!

## Ein Entspannungsverfahren zum sicheren Reden

Die Progressive Muskelentspannung basiert auf der abwechselnden Anspannung und Entspannung von Muskelgruppen. Dieses Verfahren wurde in den 50iger Jahren von Jacobson (Jacobson 1938) entwickelt und lässt sich sehr gut mit der Technik der Visualisierungen (siehe Trainingsbaustein 3: *der innere Film*) und Atemübungen kombinieren. Es werden drei Versionen der Progressiven Muskelentspannung speziell für den Abbau von Sprechängsten vorgestellt. Die erste, längste Fassung dauert zwölf Minuten. Die zweite Version fasst verschiedene Muskelgruppen zusammen und dauert etwa sieben Minuten. Die dritte, kürzeste Version (fünf Minuten) besteht aus drei Teilen, denn hier werden Atem- und Vorstellungsübungen mit der Progressiven Muskelentspannung kombiniert: Nach einer kurzen An- und Entspannung aller Muskelgruppen werden die einzelnen Körperpartien nur noch im Geist entspannt und zum Schluss visualisieren Sie eine Sprechsituation, die Sie entspannt bewältigen. Im Folgenden finden Sie für jede Version die entsprechenden Anleitungstexte. Sie können sich die Texte selbst auf Band aufnehmen oder von einer Person, deren Stimme Sie mögen, sprechen lassen, so dass Sie sich während des Anhörens völlig auf die genannte Körperpartie konzentrieren können.

## Tipps für das Training

- „Es gibt kurze und lange Pausen im Text. Die *kurzen Pausen* dauern etwa *drei bis fünf Sekunden* und bezeichnen die Zeit der Anspannung. Spannen Sie die Muskeln aber immer nur solange an, wie es Ihnen angenehm ist, und lassen Sie sie danach schlagartig locker. Die *langen Pausen* in den Konzentrationsphasen zwischen den einzelnen Muskelgruppen dauern etwa *zehn bis zwanzig Sekunden*."
- Trainieren Sie an einem ruhigen, ungestörten Platz, wo Sie bequem und gerade sitzen können.
- Anfangs ist es ratsam, zwei Mal täglich zu trainieren, wobei mehrere Stunden Abstand dazwischen liegen sollten.
- Sollte es Ihnen zu Beginn schwer fallen, sich auf die einzelnen Muskelgruppen zu konzentrieren, sagen Sie sich innerlich eine „Erinnerungshilfe" wie das Wort „Entspannung" oder „ruhig", die sie wieder zu Ihrem Training zurückführt.
- Gehen Sie zur jeweils kürzeren Fassung der Progressiven Muskelentspannung über, wenn Sie sich mit der längeren Version vollstän-

dig entspannt fühlen. Üben Sie die neue Fassung dann so lange, bis Sie damit den gleichen Effekt erzielen wie mit der alten.

▧ Wer keine Möglichkeit hat, selbst Aufnahmen zu erstellen, kann im Handel und bei den Krankenkassen CD's mit Übungsprogrammen erwerben. Für Anfänger ist es auch sinnvoll, Kurse für Entspannungstechniken zu besuchen.

## 1. Version

„Wir wollen jetzt nacheinander verschiedene Muskelgruppen *anspannen* und anschließend *entspannen*. Dazu ist es notwendig, dass Sie sich ganz auf die einzelne Muskelgruppe konzentrieren. Setzen Sie sich entspannt auf einen Stuhl, lehnen Sie sich an, stellen Sie die Füße nebeneinander, legen Sie die Arme auf die Armlehnen oder auf die Oberschenkel und schließen Sie die Augen.

Konzentrieren Sie sich als Erstes auf ihre rechte Hand. *(lange Pause)*. Machen Sie eine Faust.

Anspannen, *fest* anspannen *(kurze Pause)* ... und wieder lockerlassen. Legen Sie die Hand wieder ab. *(lange Pause)*.

Konzentrieren Sie sich nun auf den rechten Arm. *(lange Pause)*. Winkeln Sie den Arm an und pressen Sie ihn an den Oberkörper.

Anspannen, *fest* anspannen *(kurze Pause)* ... und wieder lockerlassen. Legen Sie den Arm wieder ab. *(lange Pause)*.

Vergleichen Sie das Gefühl im rechten Arm mit dem im linken. *(lange Pause)*.

Konzentrieren Sie sich nun auf die linke Hand. *(lange Pause)*. Machen Sie eine Faust.

Anspannen, *fest* anspannen *(kurze Pause)* ... und wieder lockerlassen. Legen Sie die Hand wieder ab. *(lange Pause)*.

Konzentrieren Sie sich nun auf den linken Arm. *(lange Pause)*. Winkeln Sie den Arm an und pressen Sie ihn an den Oberkörper.

Anspannen, *fest* anspannen *(kurze Pause)* ... und wieder lockerlassen. *(lange Pause)*.

Konzentrieren Sie sich nun auf Ihre Stirn. *(lange Pause)*. Legen Sie die Stirn in Falten.

Anspannen, *fest* anspannen *(kurze Pause)* ... und wieder lockerlassen. *(lange Pause)*.

Konzentrieren Sie sich nun auf die Nase und die obere Wangen-partie. *(lange Pause)*. Legen Sie die Nase in Falten.
Anspannen, *fest* anspannen *(kurze Pause)* ... und wieder lockerlas-sen. *(lange Pause)*.

Konzentrieren Sie sich nun auf Ihren Kiefer. Pressen Sie die Lippen aufeinander.
Anspannen, *fest* anspannen *(kurze Pause)* ... und wieder lockerlas-sen. *(lange Pause)*.

Konzentrieren Sie sich nun auf Ihre Schultern. *(lange Pause)*. Ziehen Sie die Schultern hoch.
Anspannen, *fest* anspannen *(kurze Pause)* ... und wieder lockerlas-sen. *(lange Pause)*.

Konzentrieren Sie sich nun auf den Rücken. *(lange Pause)*. Beugen Sie sich leicht nach vorne und pressen Sie die Schulterblätter zusam-men.
Anspannen, *fest* anspannen *(kurze Pause)* ... und wieder lockerlas-sen. *(lange Pause)*.

Konzentrieren Sie sich nun auf die Bauchmuskulatur. *(lange Pause)*. Atmen Sie tief ein und spannen Sie die Bauchmuskeln an.
Anspannen, *fest* anspannen *(kurze Pause)* ... und ausatmen. *(lange Pause)*.

Konzentrieren Sie sich nun auf Ihren linken Oberschenkel. *(lange Pause)*.
Anspannen, *fest* anspannen *(kurze Pause)* ... und wieder lockerlas-sen. *(lange Pause)*.

Konzentrieren Sie sich nun auf Ihren linken Unterschenkel und Ihren linken Fuß. *(lange Pause)*. Drücken Sie den Fuß auf den Boden und spannen Sie die Wadenmuskeln an.
Anspannen, *fest* anspannen *(kurze Pause)* ... und wieder lockerlas-sen. *(lange Pause)*.

Vergleichen Sie das Gefühl im linken Bein mit dem im rechten. *(lan-ge Pause)*.

Konzentrieren Sie sich nun auf Ihren rechten Oberschenkel. *(lange Pause)*.
Anspannen, *fest* anspannen *(kurze Pause)* ... und wieder lockerlas-sen. *(lange Pause)*.

Konzentrieren Sie sich nun auf Ihren rechten Unterschenkel und Ihren rechten Fuß. *(lange Pause)*. Drücken Sie den Fuß auf den Boden und spannen Sie die Wadenmuskeln an.

Anspannen, *fest* anspannen *(kurze Pause)* ... und wieder lockerlassen. *(lange Pause)*.

Gehen Sie nun noch einmal die einzelnen Körperpartien durch und spüren Sie nach, ob alle Körperteile gleichermaßen entspannt sind. *(lange Pause)*.

Und dann recken und strecken Sie sich, machen die Augen wieder auf und gähnen".

## 2. Version

Bei der zweiten Version werden die einzelnen Muskeln zu Muskelgruppen zusammengefasst, sodass diese Fassung wesentlich kürzer ist. Bitte wechseln Sie erst dann zu dieser Fassung, wenn Sie sich nach ersten Fassung völlig entspannt fühlen.

„Setzen Sie sich entspannt auf einen Stuhl, lehnen Sie sich an, stellen Sie die Füße nebeneinander, legen Sie die Arme auf die Armlehnen oder auf die Oberschenkel und schließen Sie die Augen. *(lange Pause)*.

Konzentrieren Sie sich nun auf Ihren rechten Arm und Ihre rechte Hand. *(lange Pause)*. Machen Sie eine Faust, winkeln Sie den Arm an und pressen Sie ihn an den Oberkörper.

Anspannen, *fest* anspannen *(kurze Pause)* ... und wieder lockerlassen. Legen Sie den Arm wieder ab. *(lange Pause)*.

Vergleichen Sie das Gefühl im rechten Arm mit dem Gefühl im linken. *(lange Pause)*.

Konzentrieren Sie sich nun auf Ihren linken Arm und Ihre linke Hand. *(lange Pause)*. Machen Sie eine Faust, winkeln Sie den Arm an und pressen Sie ihn an den Oberkörper.

Anspannen, *fest* anspannen *(kurze Pause)* ... und wieder lockerlassen. Legen Sie den Arm wieder ab. *(lange Pause)*.

Konzentrieren Sie sich nun auf Ihr Gesicht. *(lange Pause)*. Legen Sie die Stirn in Falten, rümpfen Sie die Nase und pressen Sie die Lippen zusammen.

Anspannen, *fest* anspannen *(kurze Pause)* … und wieder lockerlassen. (lange Pause).

Konzentrieren Sie sich nun auf Ihre Schultern und Ihren Rücken. *(lange Pause)*. Ziehen Sie die Schultern hoch und pressen Sie die Schulterblätter zusammen.

Anspannen, *fest* anspannen *(kurze Pause)* … und wieder lockerlassen. *(lange Pause)*.

Konzentrieren Sie sich nun auf Ihr linkes Bein und Ihren linken Fuß. *(lange Pause)*. Drücken Sie den Fuß auf den Boden und spannen Sie die Muskeln an.

Anspannen, *fest* anspannen *(kurze Pause)* … und wieder lockerlassen. *(lange Pause)*.

Vergleichen Sie das Gefühl im linken Bein mit dem Gefühl im rechten. *(lange Pause)*.

Konzentrieren Sie sich nun auf Ihr rechtes Bein und Ihren rechten Fuß. *(lange Pause)*. Drücken Sie den Fuß auf den Boden und spannen Sie die Muskeln an.

Anspannen, *fest* anspannen *(kurze Pause)* … und wieder lockerlassen. *(lange Pause)*.

Konzentrieren Sie sich nun auf Ihre Atmung. Nehmen Sie wahr, wie die Bauchdecke sich hebt bei der Einatmung und sich wieder senkt bei der Ausatmung. *(lange Pause)*. Atmen Sie *tief* – *(kurze Pause)* – *ein* – *kurze Pause* – und *aus*.

Und dann recken und strecken Sie sich, machen die Augen wieder auf und gähnen."

### 3. Version

Die dritte Fassung dauert nur fünf Minuten. Es werden noch mehr Muskelgruppen zusammengefasst, darauf folgt eine Entspannung nur in der Vorstellung, bei der die Muskelgruppen nur noch benannt werden, aber keine Muskelkontraktion durchgeführt wird. Zuletzt wird eine Sprechsituation geschildert, bei deren Vorstellung Sie sich durch Atmung entspannen sollen. Sie können eine Situation aus der Vergangenheit oder eine noch bevorstehende Redesituation dafür auswählen. Wichtig ist, dass Sie vor Ihrem inneren Auge sehen, wie Sie die Situation *bewältigen*.

„Setzen Sie sich entspannt auf einen Stuhl, lehnen Sie sich an, stellen Sie die Füße nebeneinander, legen Sie die Arme auf die Armlehnen oder auf die Oberschenkel und schließen Sie die Augen. *(lange Pause).*

Konzentrieren Sie sich auf beide Arme.

Anspannen, *fest* anspannen *(kurze Pause)* … und wieder lockerlassen. Die Arme wieder ablegen. *(lange Pause).*

Konzentrieren Sie sich auf die Gesichts-, Schultern- und Rückenmuskeln. *(lange Pause).*

Anspannen, *fest* anspannen *(kurze Pause)* … und wieder lockerlassen. *(lange Pause).*

Konzentrieren Sie sich auf beide Beine. *(lange Pause).*

Anspannen, *fest* anspannen *(kurze Pause)* … und wieder lockerlassen. *(lange Pause).*

Während ich nun bis zehn zähle, lassen Sie die angesprochenen Muskelpartien noch lockerer und entspannter werden. *(lange Pause).*

*Die Arme* – *(kurze Pause)* – *eins* – *(kurze Pause)* – *zwei* – *(kurze Pause).*

*Das Gesicht* – *(kurze Pause)* – *drei* – *(kurze Pause)* – *vier* – *(kurze Pause).*

*Schultern und Nacken* – *(kurze Pause)* – *fünf* – *(kurze Pause)* – *sechs* – *(kurze Pause).*

*Rücken* – *und Bauchmuskulatur* – *(kurze Pause)* – *Sieben* – *(kurze Pause)* – *acht* – *(kurze Pause).*

*Die Beine* – *(kurze Pause)* – *neun* – *(kurze Pause)* – *zehn* – *(kurze Pause).*

Und nun atmen Sie wieder *tief* ein und *langsam* aus. *(lange Pause).*

Stellen Sie sich nun eine Sprechsituation vor. Atmen Sie dabei weiter *tief* ein und *langsam* aus. *(lange Pause).*

- Wie ist der Raum in dem Sie sprechen werden? Acht Sekunden Pause.
- Wie ist das Licht? Acht Sekunden Pause.
- Wie ist die Temperatur? Acht Sekunden Pause.
- Wie sehen Ihre Zuhörer aus? Acht Sekunden Pause.
- Sehen Sie sich selbst, ob Sie stehen oder sitzen und atmen Sie weiter *tief* ein und *langsam* aus. Acht Sekunden Pause.
- Sie wissen, Sie werden gleich zu sprechen beginnen. Acht Sekunden Pause.

- Sie öffnen den Mund. Acht Sekunden Pause.
- Wie fühlt sich Ihr Körper an? Acht Sekunden Pause.
- Welche Gedanken gehen Ihnen durch den Kopf? Acht Sekunden Pause.
- Wie verhalten Sie sich? Acht Sekunden Pause.

Sie atmen *langsam* und *tief* ein und aus. Acht Sekunden Pause.

Sehen und hören Sie sich, wie Sie sprechen. Acht Sekunden Pause.

Und dann recken und strecken Sie sich, machen die Augen wieder auf und gähnen."

Angst und Entspannung sind nicht kompatible Zustände, das heißt, Sie können nicht gleichzeitig auftreten. Um einen entspannten Zustand bewusst auch unter Angst herstellen zu können, muss so oft wie möglich trainiert werden. Nur dann *automatisiert* sich der Vorgang und wird auch in schwierigen Situationen abrufbar.

FAZIT

## Probleme mit Entspannungstechniken

Es gibt immer wieder Fälle, in denen ein Entspannungsverfahren nicht erlernt werden kann oder die Anwendung nur in weniger kritischen Situationen gelingt. Zunächst sollten Sie verschiedene Verfahren ausprobieren. Es gibt unterschiedliche Entspannungstypen: Der eine braucht ein aktiveres Verfahren mit konkreten Anweisungen, der andere kann seine Verspannungen besser durch Vorstellungen und Bilder loswerden. Wenn Ihnen die Progressive Muskelentspannung nicht zusagt, wählen Sie zunächst eine passive Technik wie das Autogene Training aus. Wenn auch dies nicht funktioniert, ist es empfehlenswert, die körperliche Anspannung, die sich durch Sprechängste aufgebaut hat, über *körperliche Betätigung* abzubauen. Diesen Weg wählte schon der Urmensch, wenn er flüchtete oder kämpfte. Anzeichen körperlicher Erregung bauen sich so schnell wieder ab. Aktivitäten wie Joggen, Fahrrad fahren etc. sind bestens geeignet, um Stresshormone abzubauen und wieder einen klaren Kopf zu bekommen.

## Trainingsbaustein 3: Der innere Film

Ein wichtiges Mittel, um Angst aktiv zu beeinflussen, sind Vorstellungsübungen, auch *Visualisierungen* oder *Technik des inneren Films* genannt. Was Sportler schon lange als mentales Training zur Leistungssteigerung einsetzen, hat sich auch bei der Bewältigung von Sprechängsten als höchst wirksam erwiesen. Die Technik basiert auf der Annahme, dass das Gehirn zwischen Vorstellung und wirklich Erlebtem nicht unterscheiden kann. Bei dieser Technik üben Sie in der Phantasie, wie Sie sich künftig in einer bestimmten Situation verhalten wollen. Dazu stellen Sie sich alle Einzelheiten vor, stimmen sich positiv darauf ein und spielen verschiedene Möglichkeiten durch, wie Sie mit den zu erwartenden Schwierigkeiten umgehen wollen. Wenn diese dann tatsächlich eintreten, sind Sie darauf vorbereitet und können handeln. Sie lernen dabei, *positiv* über eine Redeleistung zu denken.

Voraussetzungen für solche Visualisierungen sind eine *ruhige Umgebung, Zeit* und ein *entspannter Körperzustand*. Versuchen Sie, sich eine beliebige Sprechsituation vor Ihrem inneren Auge auszumalen. Folgende Fragen sollen ihnen dabei helfen:

- Wie ist die Umgebung? (Temperatur, Licht, Geräusche, Raumgröße, Anzahl der Zuhörer)
- Wer ist dabei? Wie sehen die Zuhörer aus?
- Wie läuft die Situation im Einzelnen ab?
- Was geht Ihnen durch den Kopf?
- Wie verhalten Sie sich?
- Was fühlen Sie?
- Wie fühlt sich Ihr Körper an?
- Wie verhalten sich die anderen?

Wenn Sie während der Vorstellungsübung Anzeichen von Angst empfinden, wenden Sie folgende Bewältigungsstrategien an:

- Bauchatmung
- Entspannung vertiefen

Eine solche gedankliche Anweisung zum Einsatz von Atmung oder Entspannung während eines inneren Films könnte lauten: „Die Angst ist wie erwartet – okay, ich atme tief in den Bauch und langsam aus – ich lasse alle Muskeln locker, besonders Arme, Schultern und Gesicht – ich kann trotzdem sprechen – ich denke an das, was ich sagen will …"

**Innere Filme** sind eine optimale Vorbereitung, indem bevorstehende Sprechsituationen vorweggenommen werden und somit schon früh der Einsatz von Bewältigungsstrategien trainiert werden kann.

FAZIT

## Einen inneren Film drehen

ÜBUNG

Drehen Sie nun einen inneren Film davon, wie Sie eine beliebige Sprechsituation erfolgreich meistern! Sie spielen die Hauptrolle und das Drehbuch gibt Ihnen genaue Anweisungen. Malen Sie sich Schritt für Schritt aus, wie Sie die Situation bewältigen können und vergessen Sie nicht, sich anschließend anerkennend „auf die Schulter zu klopfen". Schauen Sie sich diesen Film immer wieder vor Ihrem inneren Auge an und bauen Sie angstreduzierende Strategien ein, z.B. Atemübungen oder die Progressive Muskelentspannung.

Visualisierungen sollten Sie mindestens vier Wochen mehrmals täglich für fünf bis zehn Minuten durchführen, bis Sie die Technik sicher beherrschen.

### Gute und schlechte Filme

Es gibt gute und schlechte Filme. Jeder von uns macht ständig „Aufzeichnungen" in Form von Erinnerungen seiner Erlebnisse, also auch von gelungenen und weniger gelungenen Sprechsituationen. Da viele von uns eine pessimistische Weltsicht verinnerlicht haben, bevorzugen wir häufig unsere schlechten Filme, das heißt, wir sehen uns immer wieder unsere Niederlagen an. Unser Gehirn kennt jedoch nicht den Unterschied zwischen Filmwiederholungen und Filmpremieren, sodass mit jeder Wiederholung des inneren Films auf der Seite der Misserfolge ein neuer hinzugefügt wird. Wir beschäftigen uns also damit, unsere Furcht vor dem Sprechen zu vergrößern. Vielleicht gelingt es Ihnen, zu Hause das Gefühl der Angst und Anspannung zu aktivieren, wenn Sie sich vorstellen, Sie müssten jetzt vor einer Gruppe sprechen. So wie folgender Student:

> Stefan P. sollte ein Referat halten. Während er sprach, überfiel ihn seine Angst, er versprach sich, wurde schneller und schneller und verlor schließlich den Faden. Mühsam brachte er mit rotem Kopf den Vortrag zu Ende und war sehr unzufrieden mit seiner Leistung. Dieses Erlebnis wurde für ihn zum Inbegriff seiner Sprechangst. Noch Wochen später liefen die einzelnen Szenen vom Ablauf des Referats als Film immer wieder vor seinem inneren Auge ab. Manchmal spürte er die damals empfundene Angst wieder aufsteigen, er wurde sogar wieder rot, diesmal jedoch aus Scham über die erlittene Blamage.

Wir setzen also unsere Vorstellungskraft bereits ein – nur nicht so, dass wir unser Ziel, weniger Angst zu empfinden und gelassener zu sein, erreichen. Wenn wir uns unsere Erfahrungen als Waage vorstellen, so muss die Seite der gelungenen Vorträge und Referate zwangsläufig leer bleiben. Die Waage ist auf der Seite der schlechten Sprecherfahrungen eindeutig schwerer (Abb. 12) und unser Selbstbild als Redner wird davon negativ geprägt. Lernen Sie also, Ihre Phantasie so einzusetzen, dass sie Ihnen hilft, positiv mit Ihrer Angst umzugehen.

Sind Ihnen diese Mechanismen der Erinnerung einmal bewusst, sollten Sie neue Erfahrungen in die Waagschale der guten Filme legen. Dafür gibt es mehrere Möglichkeiten. Zunächst einmal müssen Sie verhindern, dass noch mehr auf der Seite der negativen Erfahrungen liegt. Stoppen Sie, sobald Sie merken, dass sie den schlechten Film betrachten. Seien Sie Ihr eigener Regisseur und ändern Sie das Dreh-

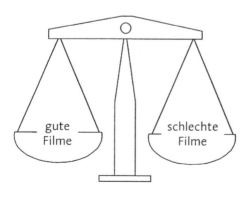

*Abb. 12:*
*Waage der Erinnerung*

buch. Sehen Sie sich, wie Sie die Situation positiv bewältigen. Tun Sie vor Ihrem inneren Auge so, als ob Sie Ihr Ziel bereits erreicht hätten: Sprechen Sie ruhig und gelassen und lassen Sie sich nicht aus dem Konzept bringen. Sie registrieren Ihre Aufregung und tun genau das, was Sie auch ohne Aufregung in dieser Situation tun würden: Sie sprechen.

## Filmwechsel

*ÜBUNG*

Suchen Sie sich positive Erinnerungen aus Ihrer Vergangenheit. In welcher Sprechsituation waren Sie mit sich zufrieden? Gehen Sie diese Situation Szene für Szene vor Ihrem inneren Auge durch. Sehen Sie sich diesen Film so oft wie möglich an. Legen Sie in Zukunft diesen Film ein, sobald Sie merken, dass wieder einer Ihrer schlechten Filme läuft.

## Hauptrolle neu besetzen

Suchen Sie sich einen Stellvertreter, der für Sie Vorbildcharakter für Sprechsicherheit hat. Wie wäre einer Ihrer eigenen Filme mit negativem Inhalt mit ihm als Hauptdarsteller abgelaufen? Gehen Sie Szene für Szene durch und überlegen Sie, wie Ihr Vorbild an Ihrer Stelle sprechen würde. Welcher Text stünde für diesen Film im Drehbuch? Bearbeiten Sie auf diese Weise systematisch alle Ihre negativen Redeerfahrungen, indem Sie neue gute Filme auf die Waagschale legen.

Lernen Sie, Ihre Phantasie so einzusetzen, dass sie Ihnen hilft, besser mit Ihrer Angst umzugehen. Mit der Technik des inneren Films können Sie sicheres Sprechverhalten Szene für Szene trainieren und sich positiv auf das Sprechen einstimmen.

FAZIT

## Trainingsbaustein 4: Veränderung der Gedanken

Kerstin S. sitzt in einem Meeting mit Kollegen und Vorgesetzten. Am Abend vorher hatte sie sich vorgenommen, über das neue Konzept, das sie in der vergangenen Woche entwickelt hat, zu berichten. Als die Besprechung beginnt, kann sie sich nicht auf die Wortbeiträge konzentrieren. Zuviel geht ihr durch den Kopf. Während ihre Gedanken kreisen, wird sie zunehmend nervöser. Ihr Herz klopft, ihre Hände werden kalt, ihre Kehle wird trocken. Als das Meeting zu Ende geht, ohne dass sie sprechen musste, ist sie einerseits erleichtert, andererseits aber auch unzufrieden mit sich, weil sie nichts gesagt hat. Noch Stunden später kreisen ihre Gedanken um die Besprechung.

Wenn wir Kerstin fragten, was ihr *vor*, *während* und *nach* dem Meeting durch den Kopf ging, könnte sie antworten:

„Am Abend vorher habe ich mir gesagt, dass ich möglichst flüssig und vollständig über mein Konzept erzählen möchte. Ich dachte mir, die anderen sprechen immer so ruhig und wohl formuliert, da will ich nicht nachstehen. Direkt vor dem Meeting war ich unsicher, ob mir auch alles einfallen würde, was ich sagen möchte. Später, im Kreise der Kollegen, ging es hin und her: Gleich bin ich dran! Was die anderen wohl denken! Was ist, wenn ich den Faden verliere, wenn es die Kollegen gar nicht interessiert? Später, als ich merkte, wie mein Herz zu rasen begann, dachte ich: Nein, nicht schon wieder die Angst, alle werden es merken, was soll ich bloß machen? Ich werde vor lauter Aufregung nicht sprechen können. Nach dem Meeting, dachte ich: Endlich ist es vorbei! Aber auch: Jetzt habe ich wieder nichts gesagt. Die anderen können es doch auch, nur ich habe diese blöde Angst!"

So ähnlich könnten auch Ihre Gedanken und inneren Gespräche, also Ihre Kognitionen, ablaufen, wenn Sie vor anderen sprechen müssen. Es lohnt sich, diese inneren Sätze einmal genauer zu betrachten. Je mehr Ihnen von dieser *inneren Sprache* bewusst wird, umso besser können Sie prüfen, ob Sie Ihrem Ziel, sicher zu reden, dienlich ist. Denn wir sprechen ununterbrochen zu uns selbst; wir müssen nur lernen, diese Gedanken bewusst wahrzunehmen.

Hört man einer sprechängstlichen Person bei der Schilderung ihrer Erfahrungen zu, stellt man fest, dass die Überlegungen in drei Richtungen gehen. Die Gedanken betreffen das, was man selbst tut, das, was die anderen denken mögen und das, was die anderen tun könnten. Es erübrigt sich, hinzuzufügen, dass diese Kognitionen jedes Mal einen alarmierenden Charakter annehmen. Sprechangst ist häufig mit einer negativen Sicht auf die eigene Person und die eigene Leistung verbunden. Wer solche Tendenzen zeigt, wird an seiner Lebensweise oder seinem Verhalten zuallererst das aufspüren, was seiner Meinung nach nicht funktioniert („Ich habe wieder nichts gesagt."). Die Person wird dann dazu neigen, diesen negativen Elementen eine übersteigerte Bedeutung beizumessen („Das ist eine Katastrophe.", „Das ist doch nicht normal …", etc.) und schließlich wird sie sich in exzessiver Weise selbst abwerten („Ich bin unfähig, zu reden"). Als Folge dieses Mechanismus' sinkt die Selbstachtung.

Die Angst vor dem Urteil der anderen bereitet vielen Sprechängstlichen ebenfalls Probleme. Sie können sich nicht vorstellen, dass eine mögliche Bewertung durch ihre Zuhörer anders als negativ und kritisch ausfallen könnte. Denkprozesse dieser Art laufen ununterbrochen ab und werden durch Kleinigkeiten verstärkt. Wir nehmen beim anderen jede Spur einer Regung wahr und interpretieren sie als Beweis für Zurückweisung und Kritik. Sogar positive Elemente, wie ein Lächeln oder ein Lob können Zweifel darüber auslösen, ob sie ehrlich gemeint seien. Die Furcht vor feindseligen Reaktionen findet sich überall in den mit Sprechangst verbundenen Kognitionen. Sie führt dazu, dass wir unsere Mitmenschen als potentiell aggressiv wahrnehmen. Die Zuhörer einer öffentlichen Rede werden ausschließlich als Kritiker eingeschätzt, die nur Fangfragen stellen. Vielen Sprechängstlichen fehlt eine gesunde Selbstachtung und eine ausgewogene *Balance zwischen der Konzentration auf sich und auf andere.*

**Innere Sätze** und Gedanken begleiten uns ununterbrochen durch den Alltag. Die Gedanken betreffen das, was man selbst tut, das, was die anderen denken mögen und das, was die anderen tun könnten.

DEFINITION

Welche Rolle spielen innere Sätze bei der Entstehung von Sprechängsten? Unsere Gedanken sind oft erst die Ursache für unsere Gefühle, unser Verhalten und unsere körperlichen (Über-)Reaktionen. Das heißt, zuerst ist da die Situation, in der gesprochen werden soll (in unserem Beispiel das Meeting), dann beurteilen wir gedanklich ihre Anforderungen und unsere Bewältigungsstrategien. Wenn wir zu dem

Schluss kommen, dass unsere Fähigkeiten ausreichen, um die Situation zu meistern, fühlen wir uns durch die Herausforderung motiviert. Ergibt der gedankliche Bewertungsvorgang jedoch Zweifel an unseren Fertigkeiten, führt dies zu Gefühlen der Unsicherheit und Aufregung. Wenn wir diesen komplexen gedanklichen Vorgang wie unter einer Lupe betrachten, lassen sich die Gedanken näher beschreiben als:

- *Wahrnehmungen der Situation* (Wie sieht die Situation wirklich aus?)
- *Beschreibungen oder Interpretationen der Situation* (Was geht in der Situation meiner Ansicht nach vor?)
- *Bewertungen der Situation* (Wie empfinde ich die Situation? Welche Fähigkeiten erfordert sie? Wie bewerte ich mich selbst und meine Bewältigungsmöglichkeiten in der Situation?)
- *Persönliche Grundeinstellungen* (Was denke ich im Allgemeinen über ähnliche Situationen?)

Gesteuert wird die Art der Gedanken dabei von unserem bevorzugten *Bewältigungsstil*, z.B. ob wir im Vorfeld einer Sprechsituation mit Besorgnis und gründlicher Vorbereitung oder eher mit dem Vermeiden negativer Gedanken und Ablenkung reagieren. Sie wird aber auch von unseren *Strategien* gesteuert, sich z.B. grundsätzlich schriftlich statt mündlich zu äußern. Hinzu kommen die *Erfahrungen*, die wir in früheren Situationen gemacht haben oder die wir bei anderen beobachtet haben. Z.B. kann es unsere Angstbereitschaft erhöhen, wenn ein Kollege in einer Besprechung nach einer Wortmeldung kritisiert wurde. Wichtig sind unsere inneren *Glaubenssätze und Einstellungen*, die manchmal Fehleinschätzungen beinhalten. Typische Denkfehler dieser Art, die Sprechängste aufrecht erhalten sind:

- „Gute Redner werden so geboren!"
- „Rhetorik ist manipulativ, also ethisch nicht vertretbar!"
- „Smalltalk ist Zeitverschwendung!"
- „Reden ist Silber, Zuhören ist Gold!"
- „Alle hören meine Sprechunsicherheiten, also bin ich lieber still!"
- „Ich habe eine Störung, die therapiert werden muss!" (Daley et al. 2009)

Mit Hilfe dieser Einstellungen erklären sich viele Schweigsame, warum sie schweigsam sind und es wahrscheinlich auch bleiben werden.

Innere Befehle

Häufig nehmen unsere Gedanken die Form eines Befehles, von Muss-
oder Darf-nicht-Vorschriften, an. Beispiele dafür sind:

- Ich darf keine Angst haben!
- Meine Hände sollen nicht zittern!
- Ich muss gelassen wirken!
- Ich muss den Zuhörern gefallen!

Welche Befehle oder Vorschriften könnten nun hinter Kerstins Gedanken stecken? Sie dachte:

1. Ich möchte möglichst flüssig und vollständig über die
   Fortbildung erzählen.
2. Die anderen sprechen immer so ruhig und wohl formuliert, da
   will ich nicht nachstehen.
3. Ob mir alles einfallen wird, was ich sagen möchte?
4. Gleich bin ich dran!
5. Was die anderen wohl denken?
6. Was ist, wenn ich den Faden verliere?
7. Was ist, wenn es die anderen nicht interessiert?
8. Nein, nicht schon wieder die Angst!
9. Alle werden es merken!
10. Was soll ich bloß machen?
11. Ich werde vor lauter Aufregung nicht sprechen können!
12. Endlich ist es vorbei!
13. Jetzt habe ich wieder nichts gesagt.
14. Die anderen können es doch auch, nur ich habe diese blöde
    Angst.

Folgende typische *inneren Befehle* und *Vorschriften* lassen sich aus
Kerstins Gedanken ableiten, die für Sprechängstliche typisch sind:

1. Ich muss flüssig und vollständig sprechen!
2. Ich darf nicht aufgeregt sein und muss gut formulieren!
3. Ich darf nicht ins Stocken geraten!
4. Ich muss sprechen!
5. Ich muss bei den anderen ankommen!
6. Ich darf den Faden nicht verlieren!
7. Ich muss das Interesse der Zuhörer wecken!

8. Ich darf keine Angst haben!
9. Keiner darf es merken!
10. Ich muss eine Lösung finden!
11. Ich muss trotz Angst gut sprechen können!
12. Ich muss das ertragen!
13. Ich darf nicht schweigen!
14. Ich muss so gut sein wie die anderen!

Ich befürchte, mit diesen Gedanken im Kopf wird Kerstin das eine oder andere Missgeschick passieren, denn wer so mit seinen inneren Vorschriften und deren Einhaltung beschäftigt ist, hat keine Kapazitäten mehr frei, um den Sprechvorgang zu planen, die Gliederung des Inhalts vorzunehmen, zu formulieren und hörerorientiert zu sprechen. So entsteht der „Tunnelblick": Augen, Ohren und Körpergefühl sind nur noch darauf gerichtet, ob die inneren Vorschriften beachtet und erfüllt werden, alles andere ist nebensächlich und wird ausgeblendet. Zudem fühlt sich Kerstin zunehmend schlechter, denn wenn solch eine innere Vorschrift in einer Sprechsituation nicht eingehalten werden kann, kommt es zu einem „Schlimm-Gefühl". Und ihre Vorschriften sind sehr leicht zu verletzen, da sie einen Absolutheitsanspruch in sich tragen – sie sind Entweder-oder-Formulierungen. Wenn Sie sich sagen: „Ich darf keine Angst haben!" verstoßen Sie, sobald Sie auch nur das kleinste Anzeichen von Angst verspüren, gegen Ihren eigenen inneren Befehl. Mit Hilfe des Tunnelblicks werden Sie auch das kleinste Anzeichen von Angst wahrnehmen und Ihr Satz „Ich darf keine Angst haben!" macht Ihnen so noch zusätzlich Druck, wenn Sie einsehen müssen, dass Sie Ihren eigenen Anforderungen nicht gerecht werden können.

Häufig nehmen unsere Gedanken und Bewertungen die Form von Muss- oder Darf-nicht-Vorschriften an. Diese innere Sprache setzt uns unter Druck: Sprechängste werden dadurch stärker, denn es kommt zusätzlich zu einem „Schlimm-Gefühl", wenn Sie Ihre eigenen **Vorschriften** während des Sprechens nicht einhalten können.

Meistens laufen diese inneren Dialoge unbemerkt ab. Der zentrale Punkt bei der Kontrolle von Sprechangst ist, sie sich bewusst zu machen. Die folgende Visualisierungsübung hilft Ihnen dabei:

## Die Gedanken wahrnehmen

ÜBUNG

Um die Wahrnehmung innerer Begleitsätze zu erleichtern, empfiehlt es sich, eine Sprechsituation der Vergangenheit, in der Sie Sprechangst empfanden, als Film vor Ihrem inneren Auge ablaufen zu lassen und dabei laut zu denken. Fassen Sie Ihre Gedanken in Worte, sammeln Sie sie und notieren Sie sie auf einem Blatt Papier. Gehen Sie Szene für Szene des Films durch und versehen Sie jede mit Untertiteln. Vielleicht sind die Sätze am Anfang nur bruchstückhaft oder bestehen nur aus einem Wort. Notieren Sie auch diese Bruchstücke!

Warum machen wir uns so viele Vorschriften, noch dazu solch unerfüllbare? Diese Gedanken entspringen Katastrophenphantasien. Sie entstehen aus der Angst vor dem „Super-Gau". Damit ist hier das Schrecklichste gemeint, das Ihnen in einer Redesituation in Ihrer Vorstellung widerfahren könnte. Vom Blackout bis zur Ohnmacht können unsere Befürchtungen reichen. Und um das Schlimmste zu vermeiden und uns zu schützen, instruieren wir uns gedanklich mit Befehlen und Vorschriften. Dies soll uns auch vor unseren „Leichen im Keller" schützen. Das sind unangenehme Erlebnisse, die wir früher im Zusammenhang mit Sprechen/Im-Mittelpunkt-stehen/Bewertet-werden gemacht haben und die wir so nie wieder erleben möchten. Dabei soll uns der selbst gebastelte Schutzwall aus inneren Verhaltensmaßregeln helfen. Wir versuchen, immer perfekter in unserer Selbstkontrolle zu werden und bewirken dabei genau das Gegenteil: Der Leistungsdruck steigt und die Angst verstärkt sich.

Eine weitere Folge innerer Katastrophenfilme ist der Mechanismus der *sich selbst erfüllenden Prophezeiung*. Gerade *weil* wir uns ständig Sorgen machen, haben wir gute Chancen, dass unsere Angst die Realität bestimmt. Wenn Sie fürchten, in einem Vortrag stecken zu bleiben, werden Sie dieses Verhalten begünstigen, weil Ihre Gedanken um dieses Risiko kreisen. Sie programmieren sich also selbst auf das unerwünschte Ereignis. Trifft es dann wirklich ein und Sie bleiben stecken, wird Sie das wiederum in Ihrer Meinung bestärken, ein schlechter Redner zu sein. Ein weiterer Teufelskreis beginnt!

## Verhaltensanalyse

Fragen Sie sich in einer stillen Stunde:

▓ An wen oder an welche Situationen in der Vergangenheit erinnern Sie Ihre gedanklichen Muster?
▓ Welche Überzeugungen und Wertvorstellungen liegen ihnen zugrunde?
▓ Welche Situationen fallen Ihnen ein, in denen Sie sich früher ähnlich verhielten?

Unser Verhalten ist einmal sinnvoll und richtig für unser Leben gewesen. Oft sind es elterliche Botschaften, die sich in unseren inneren Sätzen widerspiegeln. Heute sollten Sie allerdings überprüfen, ob sie immer noch notwendig sind. Sie können sie dann neu formulieren und damit Verantwortung für Ihr jetziges Leben übernehmen. Sie können sich in diesem Augenblick entscheiden, sich in manchen Situationen anders zu verhalten als bisher.

### Kognitive Irrtümer

Um zu verstehen, warum wir uns in die Sprechangst hineinsteigern, sollten wir uns einmal anschauen, was dabei in unserem Kopf vorgeht. Unser Gehirn ist ein komplexes Organ, das ständig Signale und Informationen empfängt und verarbeitet. Wenn wir z. B. ein Kaufhaus betreten, erreichen uns Hunderte von Sinneseindrücken. Wir sehen die umherschlendernden Kunden, die aufgetürmten Waren, von denen einige uns ins Auge stechen, weil große leuchtende Schilder auf Sonderangebote hinweisen; andere Waren nehmen wir gar nicht erst wahr, weil wir diese Produkte im Moment nicht brauchen. Wir hören vielleicht leise Musik oder Ansagen über Lautsprecher und riechen den Ledergeruch in der Schuhabteilung. Nach der sommerlichen Hitze draußen fällt uns vielleicht die klimatisierte Kühle der Räume angenehm auf oder wir empfinden die stickige Wärme im Eingangsbereich als unangenehm.

Überflutet von so vielen Informationen, schenken wir nur bestimmten Signalen unsere Aufmerksamkeit. Wir selektieren. Unsere

Wahrnehmung wird dabei von unserer Persönlichkeit, von alten Erinnerungen, aber auch von unserer momentanen Verfassung und unseren Absichten gesteuert. Wenn wir müde durch die Gänge laufen, um einen Stand mit Kochtöpfen zu finden, werden wir eventuell unseren Nachbarn, der nebenan gerade Gläser aussucht, übersehen. Unsere Wahrnehmung war auf Kochutensilien eingestellt, nicht auf bekannte Gesichter.

Neben diesem Mechanismus der *Selektion* gibt es eine weitere komplexe Leistung unseres Gehirns: Es gibt allen Informationen, die es auswählt, einen Sinn, eine Interpretation. Mit Hilfe unserer bisherigen Erfahrungen und Erinnerungen werden die Informationen bewertet und manchmal ergänzt: Wir projizieren. So bemerken wir vielleicht, wie die Verkäuferin am Parfümstand, auf den wir gerade zusteuern, an der Theke lehnt und an uns vorbeisieht. Wir interpretieren dann, dass sie müde Beine haben könnte vom langen Stehen (positiv) oder dass sie keine Lust hat, uns zu bedienen (negativ) oder dass sie uns nicht den Kauf dieses teuren französischen Duftwassers zutraut und ziemlich arrogant reagieren wird (selbstabwertend). Wir wissen nicht, was wirklich zutrifft, aber wir ergänzen aus der Summe unserer Erfahrungen mit anderen Verkäuferinnen Bewertungen und Einschätzungen, die für uns ganz selbstverständlich zu bestimmten Wahrnehmungen gehören. Je nach Art unserer *Projektion* wird unser emotionaler Zustand unterschiedlich sein. Entweder werden wir auf die Verkäuferin mitleidig zugehen oder uns frustriert und verlegen umdrehen und nach einem Parfümstand mit Selbstbedienung suchen, vielleicht fragen wir sie auch aggressiv, ob sie heute noch einmal zu arbeiten gedenkt.

Projektion und Selektion sind normale Wahrnehmungsprozesse, die sich in automatischen Gedanken und Bewertungen äußern. Die Art dieser Kognitionen kann sehr unterschiedlich ausfallen und ist die Ursache für unsere Gefühle, ob wir uns sicher oder unsicher fühlen, und somit auch für unsere Sprechängste.

Fragt man Sprechängstliche nach ihren Gedanken, sind diese oft merkwürdig negativ und abwertend, denn sie unterliegen *kognitiven Irrtümern*. Sprechängstliche unterschätzen sich selbst und überschätzen die Anforderungen einer Situation. Mit anderen Worten: Wenn Sie Angst verspüren, dann deshalb, weil Ihnen in sozialen Situationen bestimmte Gedanken kommen. Sie sind die Ursache für alle anderen Angstsymptome. Welche Arten kognitiver Irrtümer treten bei Sprechangst besonders häufig auf?

- *Einseitige Selektion.* Eine Person, die unter Sprechangst leidet, achtet nur auf Leute, die gähnen, wegschauen, sie kritisieren oder schwierige Fragen stellen; positive Reaktionen im Publikum, wie Zustimmung und Interesse, werden ausgeblendet.
- *Einseitige Projektion.* Das Publikum schaut Sie ernst und aufmerksam an. Bedeutet dies in jedem Fall, dass alle Ihre Sprechangst bemerken und Mitleid mit Ihnen haben? Ein Ereignis kann im Allgemeinen auf vielfältige Art interpretiert werden, besonders dann, wenn uns Detailinformationen fehlen. Bei Sprechängstlichen überwiegen negative Bewertungen und Einschätzungen.
- *Schwarz-Weiß-Denken.* Viele unsichere Redner gehen davon aus, dass man sie entweder mag oder ablehnt. Die vielen Schattierungen von Grau zwischen Schwarz und Weiß gibt es für sie nicht und deshalb ist für sie eine neutrale Haltung des Publikums nicht vorstellbar.
- *Übertriebene Verantwortlichkeit.* Sprechängstliche nehmen viele Ereignisse sehr persönlich. Wenn die Verkäuferin schlechte Laune hat, beziehen sie dies auf sich: „Die ist sauer auf mich, weil ich sie nach der Preisliste für die einzelnen Flakongrößen habe suchen lassen". Oder wenn ein Zuhörer bei einem Vortrag lacht, nehmen sie an, er lache über den Redner.
- *Zweierlei Maß bei Erfolg und Fehlschlag.* Viele sozial ängstliche Menschen neigen dazu, ihre Erfolge abzuwerten („Das war doch keine Leistung, das Referat vor den Arbeitskollegen zu halten, die kannte ich ja alle.") und Misserfolge aufzubauschen. „Nie kann ich mich durchsetzen!" denken sie vielleicht, wenn ihnen einmal der Umtausch eines Kleidungsstückes misslang.

Unsere **Wahrnehmung** ist nicht objektiv. Sie wird von Prozessen der *Selektion* und *Projektion* gesteuert. So entstehen *kognitive Irrtümer,* die Sprechängste am Leben halten.

Jeder von uns wählt auf diese Weise Informationen willkürlich aus und interpretiert sie, zieht unbewiesene Schlüsse, nimmt Dinge persönlich, verallgemeinert oder urteilt nach dem Alles-oder-nichts-Prinzip. Während aber den meisten Menschen nur gelegentlich diese kognitiven Irrtümer unterlaufen, scheint bei Sprechängstlichen eine strenge Systematik dahinter zu stecken. Die unlogischen Gedanken sind nur die Spitze des Eisbergs.

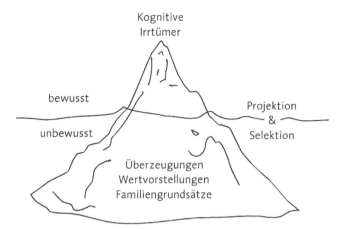

Abb. 13:
Eisberg

Darunter liegen unbewusste Überzeugungen und Wertvorstellungen wie: „Ich darf nicht auffallen.", „Alle müssen mich mögen.", „Ich muss perfekt sein!" etc. Diese kognitiven Schemata sind sehr stabil. Sie bilden das Grundgerüst unserer Psyche und haben sich auf der Grundlage von persönlichen Erfahrungen und der individuellen Biographie aufgebaut. Darin spiegeln sich Familiengrundsätze, die wir von unseren Eltern übernommen und verinnerlicht haben – häufig in Form von Sprichwörtern – : z.B. „Reden ist Silber, Schweigen ist Gold!" oder „Kinder soll man sehen, aber nicht hören!" Ein sehr leistungsorientierter Seminarteilnehmer erinnerte sich an folgenden Leitsatz seiner Familie: „Lerne, spare, leiste was – dann biste, haste, kannste was!"

Aber wie ist es zu erklären, dass sich diese Überzeugungen nicht ändern, obwohl sie von der Wirklichkeit häufig Lügen gestraft werden? Der Psychologe Jean Piaget vertritt die Meinung, dass wir zur *Assimilation* neigen (Piaget 1989): Wir versuchen, die Situation, in der wir uns befinden, mit unseren Überzeugungen in Einklang zu bringen. Daher sieben wir nur solche Elemente aus, die sich mit unserer Überzeugung decken oder wir messen einem Element die erforderliche Bedeutung bei. Würden wir diese Angleichung nicht vornehmen, müssten wir unsere Überzeugungen ständig umkrempeln, wenn sie mit der Realität nicht in Einklang stehen. Vereinfachend kann man sagen, dass es Assimilationsprozesse sind, die im sprechängstlichen Menschen permanent ablaufen und sein Problem am Leben halten.

Auf der Suche nach den verborgenen Teilen des Eisbergs (Abb. 13), also nach dem Ursprung des Gefühls, sich durch innere Befehle und Vorschriften schützen zu müssen, führt die Frage: „Wie fühlt sich das an, wenn X passiert, obwohl es nicht passieren darf?" Dazu ist es wichtig, sich in die Situation hineinzu*fühlen*. Fragen Sie sich: „Wie fühle ich mich, wenn ..." und bleiben Sie in diesem Gefühl, nehmen Sie es wahr. Nehmen Sie sich dazu viel Zeit und sorgen Sie dafür, dass Sie ungestört sind. Hinterfragen, besser: „hinterspüren" Sie auf diese Art und Weise jede Antwort, die Sie sich geben, sodass eine *Kette* entsteht. Noch einmal: Nach der Analyse unserer Gedanken soll nun der Kopf abgeschaltet und der „Bauch" befragt werden: Es geht um das Gefühl hinter den Kognitionen. Dieses Umschalten ist nicht immer leicht und deshalb ist Geduld erforderlich. Das Beispiel einer Kette zum inneren Befehl „Ich darf nicht rot werden!" könnte lauten:

| | |
|---|---|
| **Ich darf nicht rot werden!** | Wie fühle ich mich dann, wenn ich rot werde?<br>Hineinspüren und beschreiben! |
| **Wenn ich rot werde, fühle ich mich unsicher ...** | Wie fühle ich mich dann, wenn die anderen sehen, dass ich unsicher bin?<br>Hineinspüren und beschreiben! |
| **... dann fühle ich mich unterlegen und werde nicht für voll genommen ...** | Wie fühle ich mich dann, wenn ich nicht für voll genommen werde?<br>Hineinspüren und beschreiben! |
| **... dann fühle ich mich wie ein Kind ...** | Wie fühle ich mich als Kind?<br>Hineinspüren und beschreiben! |
| **... dann fühle ich mich ohnmächtig, ausgeliefert, etc.** | |

ÜBUNG

## Gefühlskette

Suchen Sie sich einen für Sie wichtigen inneren Befehl heraus und gehen Sie wie im Beispiel vor.

Meistens führt eine solche Kette zu einem Kernbefehl, dem tief sitzende Erfahrungen und Selbsteinschätzungen zugrunde liegen. Diese gründen auf einem starken *Perfektionismus*, der übertriebenen Angst vor Fehlern. Natürlich kann ein Vorgehen wie die Kette nur die Oberfläche möglicher Ursachen aufzeigen. Es geht hier weniger um Ursachenforschung als um eine Bestandsaufnahme: Wie entsteht meine Angst *heute* und wie kann ich sie *heute* bewältigen?

Was ist so schlimm an Fehlern und Unzulänglichkeiten, die bei anderen menschlich und sympathisch wirken, die wir uns selbst aber so ungern zugestehen? Häufig ist die Angst vor Fehlern schlimmer als die Fehler zu machen! Kein Mensch ist vollkommen. Der Erwerb jeder neuen Kenntnis und Fertigkeit erfordert Übung, und wer übt, macht naturgemäß auch Fehler. Das, was für die anderen gilt, gilt auch für Sie: Sie haben ein Recht, Fehler zu machen! Seien Sie etwas nachsichtiger mit sich selbst, die folgende Übung hilft Ihnen dabei.

## Fehler machen

ÜBUNG

- Nehmen Sie einen Text auf, den Sie mit möglichst vielen Versprechern, Stockungen, Pausen und Wiederholungen vorlesen. Betonen Sie an den falschen Stellen oder überhaupt nicht. Verdrehen Sie die Sätze und lesen Sie Buchstabe für Buchstabe, wie ein Zweitklässler, der gerade lesen lernt. Hören Sie sich anschließend mehrmals das Aufgenommene an.
- Suchen Sie sich dann ein Publikum. Wiederholen Sie die Übung, während Sie Ihre Zuhörer dabei anschauen.
- Halten Sie eine Rede, in der Sie unzusammenhängenden „Blödsinn" stammeln. Wenn Sie das Gefühl haben, schlechter gehts nicht mehr, steigern Sie noch einmal die Anzahl der Fehler und Unzulänglichkeiten. Sie können noch mehr Fehler machen! Sehen Sie Ihr Publikum dabei an.

**Das Ziel der Übung** ist: Sie lernen, dass fehlerhaftes Verhalten, d.h. das, wovor Ihnen am meisten graust, kein Weltuntergang ist und Sie auch mögliche Reaktionen des Publikums ertragen können.

## Was tun Sie mit diesen Gedanken?

Um den eigenen Gedanken ihre Angst verstärkende Wirkung zu nehmen, gehen Sie in drei Schritten vor: 1. *Bewusst machen*, 2. *Realitätsprüfung*, 3. *Umformulieren.*

**1. Bewusst machen:** Sind einmal innere Vorschriften als Gedanken-
schleifen entlarvt, besteht die Möglichkeit, bei jeder Wiederholung
den Gedankengang zu *stoppen*. Dies entspricht einem inneren Kom-
mentar wie „*Nein*" oder „*stimmt nicht*", der langfristig dazu führt,
dass eingeschliffene Gedankenroutinen unterbrochen und dann ge-
löscht werden können. Die Bewusstmachung dieser Schleifen bewirkt
schließlich eine innere Distanz zum Inhalt der Sätze. Sie treten innerlich einen Schritt zurück, können sich und Ihre Gedanken aus einem
größeren Blickwinkel betrachten und nehmen Ihren Vorschriften damit ihre angsterzeugende Wirkung.

**2. Realitätsprüfung:** Druckerzeugende innere Vorschriften zeichnen
sich oft durch ihren absoluten, verallgemeinernden Charakter aus.
(„Alles ist schief gelaufen!", „Niemanden hat es interessiert!", „Ich
habe wieder gar nichts gesagt!" etc.). Mit Hilfe von Fragen („Ist das,
was ich denke, wahr und ist es hilfreich für mich, so zu denken?")
können die inneren Selbstgespräche daraufhin untersucht werden, ob
sie der Realität entsprechen. Wenn Ihnen bestimmte Gedanken und
Einstellungen in einer Redesituation bewusst geworden sind, hinterfragen Sie sie folgendermaßen:

- Stimmt es, dass wirklich niemand an Ihrem Vortrag Interesse
  hatte?
- Ist wirklich alles schief gelaufen? Was lief gut?
- Fühlen Sie sich gut, wenn Sie so denken?
- Wenn Sie die Situation auf Video aufgenommen hätten, was
  würden Sie sehen?
- Was würden Sie einem Freund antworten, der dies über sich ge-
  sagt hätte?
- Warum *müssen* Sie sich in bestimmter Weise verhalten oder *dürfen*
  sich nicht auf andere Weise verhalten?
- Was wäre schlimm daran, wenn Sie es nicht täten bzw. doch täten?
- Hilft Ihnen dieser Gedanke, um Ihr Ziel (z. B. sicherer zu
  sprechen) zu erreichen?
- Wie perfekt kann ein Mensch sein?

▨ Wie viele Fehler bzw. wie viel Angst würden Sie sich bzw. den Kollegen oder einem Vorgesetzten zugestehen?

Das Ergebnis dieser Fragen führt oft zu der Erkenntnis, dass wir unrealistische Forderungen an uns selbst stellen oder eine verzerrte Sicht der Dinge verinnerlicht haben. Viele Sprechängstliche messen mit zweierlei Maß. Sie sehen anderen Rednern inhaltliche Konfusionen, Versprecher, Satzabbrüche oder Ähnliches gerne nach und finden sogar, dass es den Redner sympathisch macht, erwarten aber von sich selbst in jeder Hinsicht einen perfekten Vortrag. Da kein Mensch die überirdische Kraft besitzt, immer und überall alles 100%ig zu machen, ist dies eine hoffnungslos frustrierende Erwartung. Sollte es Ihnen jedoch gelingen, perfekt zu sprechen (was immer das ist), laufen Sie allerdings Gefahr, unsympathisch zu wirken, wenn Fehler denn als Sympathieträger gelten.

Wie man kognitive Irrtümer, also verunsichernde und druckerzeugende innere Vorschriften im Gespräch entlarvt, zeigt folgende Unterhaltung eines Therapeuten (T) mit Erika S. (S), einer Lehrerin, die den Anspruch hatte, sie müsse möglichst perfekt unterrichten.

(T): Was würde passieren, wenn Sie einen Fehler machen würden?

(S): Na, ich würde mich lächerlich machen und das Gesicht verlieren.

(T): Das Gesicht verlieren?

(S): Ja, vor den Schülern.

(T): Was würden die von Ihnen denken?

(S): Dass ich eine schlechte Lehrerin bin und ihnen nichts beibringen kann.

(T): Was befürchten Sie, könnte schlimmstenfalls passieren, wenn die Schüler so von Ihnen denken?

(S): Sie nehmen mich nicht mehr ernst und beschweren sich vielleicht bei ihren Eltern oder bei den Kollegen.

(T): Wenn Sie Fehler machen, denken Sie sich „Ich bin eine Null."?

(S): Genau!

(T): Nehmen wir mal eine konkrete Situation. Was wäre ein Beispiel für einen „Fehler" in einer Unterrichtsstunde?

(S): Wenn ich die Schüler nicht motivieren kann, z.B. weil ich den Stoff nicht anschaulich genug präsentiere.

(T): Wie viel Schüler einer Klasse von sagen wir mal 30 Schülern müssten Sie motivieren und wie viel des Stoffes aus einer Unterrichtsstunde müsste bei jedem Schüler hängen bleiben, damit Sie eine gute Lehrerin sind?

(S): Tja, ich weiß nicht, eigentlich alle Schüler …

(T): Wenn ich die Logik ihrer automatischen Gedanken weiterspinne, lande ich bei folgenden Überlegungen: „Wenn ich nicht alle Schüler einer Klasse jederzeit für jeden Stoff motivieren kann, habe ich meinen Beruf verfehlt". Läuft das vielleicht so?

(S): Ja, das stimmt. Ich weiß schon, dass ich mich häufig unter Leistungsdruck setze.

(T): Stellen Sie sich vor, Sie würden Ihr Ziel erreichen und alle Schüler wären gleich stark motiviert, gleich gut informiert und hätten die gleichen Noten. Was würde dann passieren?

(S): (lacht) Dann käme der Schulrat oder ich müsste meine Noten nachträglich runtersetzen.

(T): Aha. Womöglich hätten Sie dann den Ruf weg, dass mit Ihnen etwas nicht stimmt, wenn kein Schüler mehr schlechte Noten hätte?

(S): Ja, das wäre komisch.

(T): Wenn Sie ihr Ziel erreichten, und 100%ig perfekt unterrichteten, hätten Sie also dieselben Probleme als wenn Sie Fehler machen würden?

(S): Vielleicht sogar mehr.

(T): Dann wäre es also für Ihren Alltag hilfreicher, zu denken: „Ich muss Fehler machen."?

(S): (lacht wieder). Vielleicht eher: Ich darf ab und zu einen Fehler machen!

Bei Frau S. zeigt sich ein weiterer typischer Denkfehler: Sie denkt, sie sei für alles selbst verantwortlich. Die Motivation eines Schülers, einen bestimmten Stoff zu lernen, hängt in hohem Maße von seiner Aufnahmefähigkeit, seiner Leistungsbereitschaft und seinen Vorkenntnissen, seiner Persönlichkeit und sogar von seiner Tagesform ab. Mit einem unruhigen Schüler, der gespannt dem Fußballmatch seines Vereins am Abend entgegenfiebert, wird sich Frau S. trotz ausgefeilter Didaktik und anschaulichster Darbietung des Lernstoffes schwer tun.

Sprechängstliche nehmen oft eine egozentrische Perspektive ein und denken, die Zuhörer seien nur damit beschäftigt, sie zu bewerten und zu beurteilen. Diese Weltsicht vernachlässigt jedoch die Egozentrik der anderen: Ein Publikum denkt zunächst an sich, es möchte unterhalten werden und seine Zeit positiv verbringen und ist nicht in erster Linie daran interessiert, den Redner zu kritisieren und fertig zu machen.

Viele Sprechängstliche haben ihr negatives Weltbild und ihre geringe Selbstachtung so verinnerlicht, dass sie jedes positive Feedback abwerten müssen. Frei nach dem Motto „Ich muss überdenken, was ich von meinem Publikum halte, wenn es an meiner schrecklichen Darbietung etwas Gutes fand." sind sie sich selbst der schlimmste Feind und Kritiker! So unterstellte ein Seminarteilnehmer der Gruppe, in ihren Rückmeldungen nur das Positive zu äußern, um ihn zu schonen. Als wir ihn auf objektive Videoaufnahmen seiner Redeleistung hinwiesen, misstraute er auch der technischen Wiedergabe. Er vermutete, die Anzeichen seiner Unsicherheit seien herausgefiltert worden.

**3. Umformulierungen:** Führt derartiges Nach- und Hinterfragen innerer Sätze und Gedanken zu Einschränkungen der absoluten Aussagen, (z. B.: „Es stimmt nicht, dass ich in der letzten Besprechung gar nichts gesagt habe, ich habe mich mit X über YZ unterhalten."), können die inneren Sätze dahingehend abgewandelt werden, dass sie ihren absoluten Charakter, sich so oder so verhalten zu müssen, relativieren. Dabei ist es wichtig, solche Formulierungen zu wählen, die Sie auch inhaltlich vertreten können. Den Satz „Ich darf keinen Blödsinn reden." in „Ich darf Fehler machen." abzuwandeln, wäre zu optimistisch, wenn Sie nicht ganz hinter diesem neuen Gedanken stehen können. Es geht also um die Formulierung *realistischer* Aussagen im Gegensatz zum positiven Denken. Beispiele für solche Umformulierungen sind:

- Auch wenn ich ab und zu etwas Falsches sage, bin ich als Mensch wertvoll!
- Kann sein, dass ich rot werde, aber ich kann trotzdem sprechen!
- Ich kann ab und zu sagen, was mir gerade so einfällt!
- Wäre schön, wenn ich heute meine Meinung sagen könnte!
- Okay, die Angst ist wie immer – ich kann trotzdem sprechen!
- Ich kann ab und zu darauf verzichten, die perfekte Antwort zu geben, die Zweitbeste tuts auch!
- Ich kann es aushalten, nicht allen sympathisch zu sein!
- Ich übe noch! (Ich darf Fehler machen!)

Und Kerstin? Für Kerstin S. wäre es bei der Fülle an inneren Befehlen und Vorschriften, die ihr bewusst sind, wichtig, sich auf einen Hauptbefehl zu konzentrieren, der typisch für ihre Persönlichkeit ist. Sie stellt sehr hohe Anforderungen an sich selbst und hat ein perfektes Sprachideal verinnerlicht, an dem sie sich misst und dem sie versucht, gerecht zu werden. Oft genug vermeidet sie es deshalb, das Wort zu ergreifen, weil sie schon im Vorfeld einer Äußerung zu dem Schluss kommt, ihrem Vorbild nicht genügen zu können. Sie muss lernen, die Messlatte niedriger anzusetzen und sich zuzugestehen, dass selbst Reden mit angstbedingten kleinen Fehlern sinnvoller ist, als ganz zu schweigen. Abgewandelte Sätze könnten lauten:

- „Ich melde mich in der Besprechung zu Wort."
- „Die anderen machen auch Fehler!"
- „Wer ist schon perfekt?"

An dieser Stelle kann ich nur Vorschläge machen, denn Kerstin muss einen eigenen Satz für sich finden, den sie stimmig und glaubwürdig findet. Das hat nichts mit positivem Denken im Sinne eines grenzenlosen Optimismus und einer Selbstüberschätzung zu tun. Es hätte wenig Zweck, sich vor einer Prüfung einzureden, dass Sie alles wissen werden, ohne vorher zu lernen, weil Sie superintelligent sind! Es geht darum, Gedanken einzuüben, die den eigenen Möglichkeiten entsprechen und konstruktiv sind. Sie sollen die Leistung und die Konzentration fördern und Hoffnung machen.

ÜBUNG

## Das Drehbuch ändern

Lassen Sie vor Ihrem inneren Auge noch einmal den Film ablaufen, in dem Sie Ihre Gedanken wahrgenommen haben (Übung: *Wahrnehmung der Gedanken*). Sagen Sie sich nun einen realistisch *abgewandelten* Satz. Wiederholen Sie ihn in jeder Szene des Films. Konzentrieren Sie sich auf Ihr Gefühl. Wie fühlt sich Ihr Körper an, wie sprechen Sie?

Anschließend vergleichen Sie die Wirkung des ersten Films mit der Neuverfilmung jetzt. Welche Gedanken waren für Sie hilfreicher, um angstfrei zu sprechen? Diejenigen aus der Version vor oder nach der Drehbuchänderung? Wiederholen Sie die Übung, bis Sie alle Ihre identifizierten inneren Sätze in abgewandelter Form ausprobiert haben.

Denken Sie die abgewandelten Sätze *vor*, *während* und *nach* Ihrer nächsten Sprechsituation. Üben Sie im Alltag so oft wie möglich mit den neuen Sätzen.

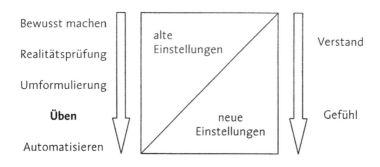

*Abb. 14: Gedankenänderung*

Unsere Gedankenmuster haben eine lange Vorgeschichte und deshalb ist es unwahrscheinlich, dass sie sich von heute auf morgen ändern. Bis man realistische Gedanken automatisch anwendet – was bedeutet, dass man sie nicht nur mit dem Verstand sondern auch gefühlsmässig akzeptiert – muss man einen mehrstufigen Prozess durchlaufen (Abb. 14).

Zuerst müssen Sie die irrationalen Gedanken erkennen und sich *bewusst machen*. *Die Realitätsprüfung* der alten Gedankenmuster führt dazu, dass die inneren Sätze *umformuliert* bzw. durch neue *ersetzt* werden. Bis diese neuen Gedanken automatisch ablaufen, muss nach der verstandesmäßigen Einsicht auch eine gefühlsmäßige Akzeptanz etabliert werden, das heißt, ein logisch richtiger Satz muss sich auch richtig *anfühlen*. Nur so kann Ihr sprechängstliches Verhalten sich auf Dauer ändern.

Unsere Wahrnehmungen, Gedanken und Bewertungen in einer konkreten Sprechsituation sind verantwortlich für unsere Gefühle, also auch für unsere Sprechangst. Unrealistische Annahmen und Befehle, so genannte *kognitive Irrtümer* verstärken die Angst in Sprechsituationen. Die Schritte: 1. Bewusstmachen dieser Gedanken, 2. die Realitätsprüfung und 3. das Ersetzen alter Denkroutinen durch neue und sprechfördernde innere Sätze führen zu mehr Sprechsicherheit und innerer Zufriedenheit.

DEFINITION

## Trainingsbaustein 5: Sprechfertigkeit trainieren

Die folgenden Seiten sind kein Rhetorik-Ratgeber im traditionellen Sinne. Es geht nicht um das, was viele unter gutem Reden verstehen:

- mit eleganten oder brillanten Formulierungen zu glänzen,
- immer ein geflügeltes Wort oder ein Zitat parat zu haben,
- zu allem und jedem etwas sagen zu können, das intelligent klingt,
- andere mit Tricks und Kniffen sprachlich zu überrumpeln.

Unter sicherem Reden verstehe ich nicht, dass Sie ihre Unsicherheiten kaschieren sollen. *Sicher zu reden* bedeutet, dass Sie Ihre Persönlichkeit sicher äußern können. Es geht nicht darum, Unsicherheiten und Ängsten rhetorische Fähigkeiten aufzupfropfen und sie zu ignorieren. Sie sollen Ihre Ängste erkennen und offen über sie reden. *Sicher zu reden* bedeutet, sich selbst wichtig zu nehmen und diesem „Selbst" den gewünschten Ausdruck zu geben. Wir belegen zwar Tanzkurse und berufliche Weiterbildungen, aber wie man mit anderen wirkungsvoll kommuniziert und in Beziehung tritt, ohne dabei die eigene Individualität aufzugeben, wird uns dagegen kaum beigebracht. Wie Sie das schaffen können, zeigen Ihnen die folgenden Hinweise und Hilfestellungen.

### Besser kommunizieren: verbale Ebene

Selbstsicheres Verhalten äußert sich in Gesprächen und Diskussionen, in Vorträgen und Meinungsäußerungen. Neben den inhaltlichen Aspekten sind dabei besonders auch formale Vorgehensweisen entscheidend. So zeichnet sich ein sicherer Gesprächsteilnehmer durch die Fähigkeiten aus, ein Gespräch zu beginnen, ein Gespräch aufrecht zu erhalten und ein Gespräch zu beenden. Dazu kommt das Vermögen, Gefühle angemessen zu äußern (z. B. Kritik zu formulieren, aber auch Komplimente zu machen und annehmen zu können).

Im Anschluss finden Sie Checklisten für *Alltagsgespräche*, so genannten Smalltalk, und für *Konfliktgespräche*, in denen Kritik geäußert oder eine Bitte abgelehnt wird und Forderungen gestellt werden. Das sind häufig auftretende Gesprächssituationen, die vielen Sprechängstlichen Probleme bereiten. Wenn Sie den formalen Ablauf verinnerlicht haben, ist es hilfreich, das konkrete Vorgehen an eigenen Beispielen zu üben.

**Zuhören:** Entscheidend für gelungene Gespräche mit unseren Mitmenschen ist zunächst nicht der Inhalt, sondern ob und wie wir anderen zuhören können. Wer unterhält sich schon gern mit einem Dauerredner, der den anderen kaum zu Wort kommen lässt oder mit jemandem, der alles missversteht und immer wieder vom Thema abschweift. Aufmerksames Zuhören bedeutet, dem Sprecher seine ungeteilte Aufmerksamkeit zu schenken und sich auf das Gesagte zu konzentrieren. Da aber unsere Wahrnehmung verzerrt arbeitet, wenn projektive und selektive Prozesse uns einen Streich spielen, ist es wichtig, dass wir uns das, was wir meinen, verstanden zu haben, in einem Rückkopplungsprozess von unserem Gesprächspartner bestätigen lassen. Ein wirkungsvolles Mittel hierfür ist der *kontrollierte Dialog.* Das bedeutet, dass wir die Essenz der Äußerung des Gesprächspartners mit eigenen Worten wiedergeben, um sicher zu gehen, dass wir genau zugehört und die Mitteilung richtig verstanden haben. Dies zwingt uns zum aktiven Zuhören, denn wir können uns nicht schon mit unserer Antwort oder unserem nächsten Argument auseinander setzen, wenn wir wissen, dass wir den Inhalt des Gehörten gleich „spiegeln" müssen. Neben dem Inhalt können wir auch die zugrunde liegenden Gefühle, die wir aus einer Äußerung heraushören oder aus nonverbalen Signalen ablesen, wiedergeben. Dabei ist es ratsam, das Echo auf das Gesagte vorsichtig und tastend zu formulieren. Um diesen Eindruck zu erreichen, sind folgende Wendungen als Einstieg empfehlenswert:

- „Das klingt so, als hättest du das Gefühl/wolltest du sagen/ als seiest du der Ansicht, dass ..."
- „Habe ich dich richtig verstanden, dass ..."
- „Meinst du, dass ..."

Ihre Freundin sagt zum Beispiel zu Ihnen: „Ich möchte dieses Jahr im Urlaub nur faul in der Sonne liegen, ohne mich um irgend etwas Organisatorisches zu kümmern!" Sie könnten antworten: „Das klingt, als wärst du so richtig ausgepowert, oder?" Nicht jede Alltagssituation erfordert solch einfühlsames Vorgehen. Diese Technik ist in persönlichen Gesprächen besonders hilfreich, in denen Probleme besprochen, Konflikte gelöst, Kompromisse erarbeitet oder Missverständnisse geklärt werden sollen. Dabei ist es wichtig, seinen eigenen Stil des kontrollierten Dialogs zu entwickeln, um papageienhafte Wiederholungen oder gestelzte Formulierungen zu vermeiden.

Ein weiterer positiver Effekt des kontrollierten Dialogs ist seine gesprächsfördernde Wirkung: Unser Gesprächspartner fühlt sich verstanden und zum Weitersprechen motiviert. Das ist besonders wichtig, wenn jemand von Problemen erzählt oder sehr engagiert spricht, weil er sich z. B. sehr aufgeregt hat. Von vielen Gesprächspartnern werden leider so genannte *Gesprächskiller* eingesetzt, die häufig zu Verstimmungen führen. Killerphrasen wie *Ablenkungen*: „Das ist genau wie bei mir, neulich passierte Folgendes ...", *Schuldzuweisungen*: „Sei doch nicht so empfindlich!" oder *„gute" Ratschläge*: „Geh' doch mal zu einer Beratungsstelle!" werden durch den Einsatz des kontrollierten Dialogs vermieden.

ÜBUNG

## Kontrollierter Dialog

Spiegeln Sie Inhalt und Gefühlslage folgender Äußerungen, ohne Ratschläge zu erteilen oder zu werten:

- „Wenn das Telefon heute Vormittag noch einmal klingelt, fahre ich aus der Haut!"
- „Dieses Hin und Her mit meinem Urlaubsantrag geht mir auf die Nerven. Erst war klar, dass ich in den Sommerferien Urlaub nehmen kann, jetzt sollen doch wieder die Kollegen mit Kindern den Vortritt haben. Und was ist mit meinem Sprachkurs, den ich schon gebucht habe?"
- „Immer kommst du zu spät zu unseren Verabredungen! Ich habe es satt, vor dem Kino auf dich zu warten und den halben Film zu versäumen."

**Smalltalk:** Gerade Smalltalk, das nette, unverbindliche Gespräch im sozialen Kontakt, fällt vielen Menschen schwer. Sie haben zu hohe Ansprüche an diese „kleinen" Gespräche und darum fehlt ihnen die Lockerheit im zwischenmenschlichen Umgang. Ein Seminarteilnehmer erzählte:

„Wenn ich guten Tag gesagt habe, weiß ich nicht, was ich noch hinterherschicken soll. Bei Kollegen ist es kein Problem, da kann ich über die Arbeit reden. Aber bei Fremden im Aufzug oder Hausflur, da weiß ich nicht, womit ich anfangen soll. Ich möchte nicht über Banalitäten reden, wie übers Wetter oder den Film vom Vorabend. Ich gehe dann immer schnell weiter. Ich glaube, die anderen merken, dass mir diese Situationen unangenehm sind und viele von ihnen halten es sicher für Arroganz oder Muffeligkeit oder denken, dass ich ständig in Eile bin."

Wenn Sie auf eine Party gehen, wo Sie niemand kennen, fürchten Sie dann, dass keiner mit Ihnen sprechen wird oder dass Sie nicht fähig sein werden, das Richtige zu sagen, falls jemand Sie anspricht? Um diesem unangenehmen Gefühl zu entkommen, ergreifen Sie doch einfach von sich aus die Initiative und sprechen Sie jemanden, der interessant aussieht, an! Machen Sie Smalltalk. Sie brauchen dazu keine hochintellektuellen Gesprächsthemen, da Sie noch nicht wissen, wie der andere so ist, was ihn interessiert und wie er lebt. Da ist es zunächst wichtiger, den kleinsten gemeinsamen Nenner zwischen Ihnen zu finden. Und das ist in diesem Fall die Party, zu der Sie beide eingeladen wurden und alles, was Sie sehen, hören, riechen, schmecken, kurz: um sich herum wahrnehmen können. Folgende Checkliste hilft Ihnen dabei, ein Gespräch zuführen:

## Checkliste Smalltalk

### Gesprächseinstieg
- *Blickkontakt*
- *Hier-und-Jetzt-Bezug*. Beziehen Sie die konkrete Situation mit ein. Sie liefert oft ein Thema für den *Gesprächseinstieg*. Achten Sie auf Dinge und Personen in Ihrer Umgebung. Was hören oder sehen Sie? Bedenken Sie: Es gibt keine banalen Gesprächsanfänge, also grübeln Sie nicht zu lange …

### Gesprächsverlauf:
- Stellen Sie keine geschlossenen Fragen, auf die der Gesprächspartner nur mit „Ja" oder „Nein" antworten kann, sondern *offene Fragen*, die zum Sprechen anregen, wie z.B.: „Wie macht man denn diese leckeren Tapas?", wenn Sie sich für Kochrezepte interessieren.
- *Ich-Bezug*. Lassen Sie Ihre Meinungen, Vorlieben, Interessen und Erfahrungen einfließen.

> ▨ Setzen Sie den *kontrollierten Dialog* ein, um das Gespräch in Gang zu halten.
>
> **Gesprächsende**
> ▨ Abschlusssatz
> ▨ nonverbale Signale

Und wenn der Angesprochene einsilbig bleibt, verlegen von einem Fuß auf den anderen tritt, wegschaut und das Gespräch beendet? Wenn Ihr Gesprächspartner schlecht gelaunt ist, keine Zeit hat oder sich schlichtweg nicht über ein bestimmtes Thema unterhalten will, liegt die Schuld nicht allein bei Ihnen. Jeder trägt zu 50% die Verantwortung für ein gelungenes Gespräch.

Wenn Sie alles, was es zu sagen gibt, gesagt haben, müssen Sie zu verstehen geben, dass Sie das Gespräch beenden möchten. Gesetzt den Fall, das Gespräch war angenehm, müssen drei Botschaften dem Gesprächspartner vermittelt werden: dass Sie demnächst gehen werden, dass Ihnen das Gespräch Spaß gemacht hat und dass Sie nichts dagegen hätten, es gelegentlich fortzusetzen. Rede und Gegenrede beim Abschiednehmen bilden ein kompliziertes Ritual, das für die weitere Beziehung zwischen den Gesprächspartnern von erheblicher Bedeutung ist. Sie haben die Möglichkeit, durch *Zustimmung* die letzte Aussage Ihres Gesprächspartners noch einmal zu verstärken oder einen *Abschlusssatz*, der den Inhalt des Gesprächs zusammenfasst, anzuschließen. Auch direkte *Anerkennung* („... hat Spaß gemacht, mit Ihnen zu reden.") oder gute Wünsche wie: „Na, dann viel Spaß noch." etc. sind Abschlussrituale. Wichtige Signale werden auch über Mimik und Gestik vermittelt, indem Sie den Blickkontakt abbrechen, den Körper und die Füße vom Gesprächspartner weg bewegen und den Abstand zwischen Ihnen vergrößern. Dieses Verhalten wird als Abschluss eines Gesprächs interpretiert.

**Bedenken Sie: Sie tragen nur 50% der Verantwortung für ein Gespräch!**

**Bitten ablehnen und äußern:** Vielen Menschen fällt es äußerst schwer, Nein zu sagen oder eine Bitte ohne Entschuldigungen und Schuldgefühle abzuschlagen. Wir möchten uns entgegenkommend verhalten, weil wir fürchten, sonst als Person abgelehnt und nicht mehr gemocht zu werden oder vielleicht eine bestehende Freundschaft zu zerstören.

Es ist schwierig, Bitten abzuschlagen, nicht zuletzt wegen der verbreiteten Ansicht, dass es unmoralisch und egoistisch sei, legitime Bitten nicht zu erfüllen. Je gerechtfertigter uns eine Bitte erscheint („Du bist der Einzige, der mir helfen kann!"), desto mehr zögern wir, Nein zu sagen. Wenn wir jedoch Dinge tun, die wir gar nicht tun wollen, zahlen wir einen hohen Preis um des lieben Friedens willen. Wir werden unzufrieden mit uns, weil wir uns mit unseren Bedürfnissen nicht durchsetzen, unsere Zeit mit Leuten und Aktivitäten verbringen, wie es die anderen von uns erwarten und letztlich wird auch die Beziehung zu den Personen, denen gegenüber wir Probleme haben, Nein zu sagen, darunter leiden.

Es ist deshalb wichtig, die *Sachebene* („Ich möchte etwas Bestimmtes nicht tun.", „Ich habe das Recht, Nein zu sagen.") von der *Beziehungsebene* (z. B.: „Wir sind befreundet.") zu trennen. Und das nicht nur in der Gesprächsvorbereitung, sondern auch im Gespräch selbst. Argumente wie: „Wenn du meine beste Freundin wärst, würdest du mir das Geld leihen" sind unzulässig und auch manipulativ, weil sie beide Ebenen verknüpfen. Die Antwort: „Martha, du bist seit langem meine beste Freundin und ich möchte auch, dass das so bleibt, aber ich verleihe grundsätzlich kein Geld in dieser Höhe!" trennt dagegen beide Aspekte.

Anstatt deutlich nein zu sagen, formulieren wir häufig mit *Weichmachern*, wie: eigentlich, irgendwie, vielleicht, nicht unbedingt etc.: „Eigentlich hatte ich etwas anderes vor." oder „Ich weiß noch nicht genau." Diese Formulierungen sind für den Gesprächspartner geradezu eine Aufforderung, sein Anliegen nochmals mit mehr Nachdruck vorzubringen. Sie wirken wie eine Einladung, uns doch noch umzustimmen. Auch weit schweifende Begründungen und Erklärungen schwächen ein anfängliches, klares Nein wieder ab. Sie relativieren das Gesagte und ermutigen unser Gegenüber, gegen die Begründungen zu argumentieren.

### Nein sagen

- Klären: was will ich tun, was will ich nicht tun? Eventuell zunächst *Bedenkzeit* ausbitten, das ist Ihr gutes Recht.
- Ein klares *Nein* formulieren, keine Weichmacher benutzen.
- Ausreden vermeiden.
- Entschuldigungen/Rechtfertigungen sind meistens überflüssig
- Manipulationsversuchen oder Schmeicheleien durch die *Wiederholung* eines deutlichen *Neins* begegnen.

FAZIT

## Nein sagen

Lehnen Sie folgende Bitten ab:

- Ihr Arbeitgeber ersucht Sie, ein dringendes Projekt durch Überstunden fertig zustellen. Sie haben aber heute Ihren Hochzeitstag und bereits Gäste eingeladen.
- Eine Freundin bittet Sie, ihr noch einmal Ihre Campingausrüstung zu leihen. Beim letzten Mal kriegten Sie sie von ihr verschlissen zurück, sodass Sie generell diese Ausrüstung nicht mehr verleihen möchten.
- Ein Unbekannter bittet Sie, ihm Geld für eine Bahnfahrkarte zu schenken.

Dieselben Mechanismen wirken sich entgegengesetzt aus, wenn wir selbst eine Bitte äußern wollen. Wenn es uns schwer fällt, jemanden um einen Gefallen zu bitten, so liegt das vielleicht daran, dass wir bezweifeln, das Recht dazu zu haben. Oder wir wissen nicht, wie wir mit einem Nein unseres Gesprächspartners umgehen sollen. Aber auch die Person, an die Sie die Bitte richten, hat das Recht, diese zu erfüllen oder abzulehnen. Und eine Ablehnung heißt nicht, dass Sie als Person abgelehnt werden – nur ihre Bitte. Bringen Sie also Ihr Anliegen klar formuliert und mit selbstsicherer Körperhaltung und ruhiger, bestimmt klingender Stimme vor.

Manchmal ist es eher eine berechtigte Forderung als eine Bitte, die Sie äußern wollen, z. B. wenn Sie ein defektes Produkt im Geschäft umtauschen möchten. In diesen Situationen überwiegt die Sachebene, die Beziehungsebene tritt in den Hintergrund. Hier ist es wichtig, sich die Berechtigung des eigenen Wunsches immer wieder vor Augen zu führen und nicht schon beim ersten Nein des Verkäufers aufzugeben. Wiederholen Sie Ihre Forderung!

**Etwas fordern**

- Blickkontakt
- entspannte Körperhaltung (z.B. Bodenkontakt der Füße)
- laut und deutlich sprechen; bestimmt, aber nicht aggressiv
- Sagen Sie, *was* Sie wollen.
- Sagen Sie, *warum* Sie es wollen.
- Wiederholen Sie notfalls, dass Sie es *wirklich* wollen.

FAZIT

# Bitten/Forderungen äußern

ÜBUNG

Formulieren Sie Ihre Bitten in folgenden Situationen:

- Eine Freundin/einen Freund bitten, Ihnen eine kleinere/größere Summe Geld zu leihen.
- Im Geschäft eine defekte DVD umtauschen.
- Den lauten Nachbar neben Ihnen um mehr Ruhe bitten.
- Eine entfernte Bekannte um Hilfe bei Ihrem Umzug bitten.

### Kritik annehmen und äußern

Tatjana ist bei ihrer besten Freundin. Diese hat ihr gerade lang und breit ein Problem mit ihrer Mutter erzählt und nun sagt sie, sie fände es störend, dauernd von Tatjana unterbrochen zu werden. Dabei ist sie doch so eine geduldige Zuhörerin! Tatjana ist sauer. Sie weiß nicht, ob sie die Kritik als Zumutung oder als Katastrophe empfinden soll. Ihr erster Reflex ist, Susi gründlich die Meinung zu sagen und sie zu fragen, was sie von ihren ewigen „Problemgeschichten" hält.

Paul kommt aus dem Büro seines Chefs. Der hat ihm gerade mitgeteilt, dass seine Verkaufszahlen nachgelassen hätten. Wenn das so weiterginge, müsse man sich etwas einfallen lassen. Ob er nicht mal ein Verkaufstraining besuchen wolle? Paul ist am Boden zerstört. Das hat gesessen! Er war so überrumpelt, dass ihm keine passende Antwort einfiel. Zuhause verfällt er in Selbstmitleid und überlegt, dass er einfach nicht für diesen Job geeignet ist.

Wenn sie mit Kritik konfrontiert werden, sind die meisten Menschen erstmal sprachlos. Dann kann entweder eine Phase des Überakzeptierens und der Selbstabwertung folgen („Ich bin ja völlig unfähig!") oder wir blocken ab, werden aggressiv und gehen zum Gegenangriff über. In beiden Fällen sind wir mit unseren gefühlsmäßigen Reaktionen beschäftigt, inhaltliche Aspekte; also ob und inwieweit die Kritik berechtigt ist, stehen noch hintenan. Oft ist so eine objektive Analyse erst später in einer ruhigen Minute möglich. Erst dann können wir uns fragen:

- Welche Anteile der Kritik treffen zu (Inhalt der Kritik)?
- War die Formulierung der Kritik für mich akzeptabel (Form der Kritik)?

Diese Fragen helfen, in kritischen Gesprächen den Kopf „über Wasser" zu halten. Nach der ganz normalen Schrecksekunde sollten Sie sich eine „Auszeit" gönnen. Vertagen Sie, wenn nötig, das Gespräch, bis Sie sachlich auf den Inhalt einer Kritik eingehen können.

Und wenn sie selbst kritisieren müssen? Überlegen Sie zunächst, wie sich das Ihnen lästige Verhalten so spezifisch und objektiv wie möglich *beschreiben* lässt („Das ist jetzt das dritte Mal, dass ich den Abwasch hintereinander mache, obwohl wir vereinbart hatten, es abwechselnd zu machen …"). Vermeiden Sie dabei Verallgemeinerungen wie „immer", „ständig" etc., diese führen nur dazu, dass der Gesprächspartner abblockt und nach Gegenbeispielen sucht, wann er das zu kritisierende Verhalten einmal nicht gezeigt hat. („Neulich, als du die Fortbildung hattest, habe ich aber auch mehrmals hintereinander abgewaschen.") *Äußern* Sie Ihre Gefühle und Gedanken zu dem zu kritisierenden Verhalten in Form von Ich-Botschaften („… da fühle ich mich nicht ernst genommen von dir."), *präzisieren* Sie, welches Verhalten Sie gerne hätten („Ich möchte, dass du dich an unsere Vereinbarungen hältst!") und zeigen sie mögliche *Folgen* auf. („… sonst verliere ich das Vertrauen in das, was du sagst.") Nicht immer läuft ein Gespräch klassisch in diesen Schritten ab. Oft ist es zunächst notwendig, sich über die Fakten zu verständigen und über die beiderseitige Sicht der Vorkommnisse zu einigen. Zu dieser *Klärung des Sachverhaltes* eignet sich dann wieder hervorragend der kontrollierte Dialog.

**Kritik äußern**

- sachliche Äußerung (Beschreibung des Verhaltens)
- Ich-Botschaften über Gefühle (Was geht in mir vor?)
- keine Verallgemeinerungen (z. B. immer, nie, ständig, jedes Mal etc.)
- kontrollierter Dialog zur Verständnisklärung

FAZIT

Fragen Sie sich aber auch, was Ihre Kritik mit Ihnen selbst zu tun haben könnte. Häufig fällt uns ein Verhalten bei anderen nur deshalb so unangenehm auf, weil wir selbst damit kämpfen oder uns dieses Verhalten auch schon selbst einmal vorgeworfen wurde und wir nun umso empfindlicher darauf reagieren. So kritisierte beispielsweise eine Seminarteilnehmerin, die selbst ohne Punkt und Komma sprach, als Einzige in der Gruppe das vermeintlich schnelle Sprechtempo ihres Vorredners.

## Kritik äußern

ÜBUNG

Formulieren Sie in folgenden Situationen Ihre Kritik:

- Eine Freundin kommt regelmäßig zu spät zu Ihren Verabredungen.
- Ein Kollege redet hinter Ihrem Rücken über Sie.
- Einer Ihrer Mitarbeiter lässt wichtige Geschäftstermine aus privaten Gründen sausen.
- Ein Handwerker hat Ihnen eine wesentlich höhere Rechnung gestellt als im Kostenvoranschlag vereinbart wurde.

### Diskussionen und Vorträge

Seit einer halben Stunde wird lebhaft über genmanipulierte Lebensmittel diskutiert. Fabian ärgert sich – über sich selbst. Das Thema betrifft und interessiert ihn und er ist gut informiert. Trotzdem hat er bisher noch nichts gesagt. Er legt sich Argumente zurecht, aber irgendwie kommen ihm die anderen Diskussionsteilnehmer immer zuvor. Fabian ist angespannt. Er beschäftigt sich in erster Linie mit sich und seinem Schweigen. Es fällt ihm immer schwerer, der Diskussion zu folgen.

Sind Ihnen solche Situationen vertraut? Sie wollen sich aktiv an Diskussionen beteiligen. Das fällt umso leichter, je schneller Ihnen der

Einstieg in eine Diskussion gelingt. Sie müssen dann weniger mit sich kämpfen, ob Sie etwas sagen wollen oder nicht. Wer wenig sagt, erhält wenig Resonanz! Suchen Sie deshalb nicht lange nach *dem* schlagenden Argument. Nehmen Sie Einfluss auf den ganzen Diskussions-*verlauf*, nicht nur auf den Inhalt. Sie können z. B. Vorschläge zum Vorgehen zu Beginn einer Diskussion machen, sich zu Wort melden, wenn Sie das Gefühl haben, das die Teilnehmer vom Thema abkommen, Sie können strukturierend eingreifen, indem Sie zusammenfassen, Überleitungen finden oder Gemeinsamkeiten herausstellen. Entwickeln Sie schon genannte Argumente weiter, äußern Sie Zustimmung oder Ablehnung für Gesagtes und begründen Sie Ihre Meinung. Stellen Sie Fragen, lassen Sie sich Sachverhalte genauer erklären oder bringen Sie Ihre persönlichen Erfahrungen und Beispiele ein. Für den Verlauf einer Diskussion gilt: Nicht was Sie sagen, ist entscheidend, sondern dass Sie möglichst oft das Wort ergreifen.

Gute Argumente sind Voraussetzung dafür, dass Sie sich inhaltlich in Diskussionen aktiv und selbstsicher beteiligen wollen. Aber gute Argumente allein reichen noch nicht aus, um auch zu überzeugen. Die *Struktur* des Redebeitrages ist entscheidend für seine Wirkung. Folgende Checkliste ist eine nützliche Hilfe, um so lange wie nötig und so kurz wie möglich seine Argumente darzulegen. Sie ist gleichermaßen für Meinungsäußerungen in Seminaren und Diskussionen, aber auch für Vorträge und längere Reden geeignet. Überlegen Sie sich vor jedem Redebeitrag, welches Ziel Sie damit erreichen wollen. Auf diesen Zweck gehen Sie dann am Schluss Ihrer Argumentation ein.

## Checkliste

**1. Einleitung**
▨ Problem (Worum gehts?)
▨ Überblick über die Gliederung

**2. Hauptteil**
▨ Argumente und Begründungen
▨ 1. …, weil
▨ 2. …, weil
▨ 3. …, weil
▨ usw.

**3. Schluss**
▨ Zusammenfassung
▨ Fazit

**4. Konsequenzen/
   Forderungen**
▨ Ziel des Redebeitrages
▨ Handlungshinweis

Durch solch eine systematische Vorbereitung auf das Sprechen wird die kognitive Belastung und die innere Anspannung während des Redens drastisch gesenkt. So wird es Ihnen immer leichter fallen, sicher aufzutreten.

## Ein Redebeispiel: Ein Hoch auf das Fast Food!

Die allseits bekannten Restaurantketten der Fast-Food-Industrie verzeichnen jährlich steigende Umsätze. Fragen Sie jedoch Ihre Mitmenschen, ob sie gern Hamburger essen, sagen viele, sie täten das nur selten, ja eigentlich nur dann, wenn es keine andere Möglichkeit der Nahrungsaufnahme gibt, wie z. B. auf Reisen oder auf der Autobahn. Nun, die falsche Scham ist jetzt vorbei, denn drei entscheidende Argumente werden von Fast-Food-Gegnern häufig übersehen:

1. *Fast Food ist gesund.* Eine Studie eines ernährungswissenschaftlichen Institutes ergab: Hamburger enthalten alle für eine Mahlzeit wichtigen Vitamine und Nährstoffe, die der Körper im Laufe eines Tages braucht. Aber nicht nur das:

2. *Fast Food steigert die Lebensqualität.* Nichts Schöneres als sich in fremden Ländern auf etwas Konstantes, Vertrautes, Geschätztes zu freuen. Egal, ob in Japan, Malaysia oder Afrika: Genießen Sie eine Mahlzeit von hoher Qualität und Güte. Der Hamburger wird so zum Highlight jeder Fernreise. Aber das ist noch nicht alles:

3. *Fast Food hat Stil.* Wussten Sie, dass immer mehr Arbeitsmeetings großer Unternehmen, Gedenkfeiern der Universitäten und medizinische Kongresse in Filialen der Fast-Food-Ketten stattfinden? Sie befinden sich dort nicht nur in bester Gesellschaft, Sie zeigen auch, dass Sie Trends rechtzeitig erkennen und eine gepflegte, stilvolle Atmosphäre zu schätzen wissen.

Lassen Sie mich zusammenfassen: Fast Food ist gesund, hat Qualität und Stil!

In Anbetracht dieser unbestreitbaren Tatsachen fordere ich Sie auf: Bekennen Sie sich zu Ihrer Nahrung und treten Sie umgehend dem Verein „Freunde des Fast Foods e. V." bei. Aufnahmeanträge liegen am Ausgang bereit.

Ich danke Ihnen für Ihre Aufmerksamkeit.

## Besser kommunizieren: nonverbale Ebene

Unsere Körpersprache und unsere Gefühle hängen unmittelbar miteinander zusammen. Angst schlägt sich z. B. in unserer Mimik und Gestik, der Körperhaltung oder dem Blickkontakt nieder. Wir ziehen den Kopf ein, bekommen einen starren Blick, verkrampfen uns, unsere Bewegungen werden fahrig oder erstarren. Fühlen wir uns dagegen selbstbewusst, zeigen wir ausladende Bewegungen, stehen fest mit beiden Füßen auf dem Boden, haben einen erhobenen Kopf, eine aufrechte Körperhaltung und Blickkontakt zu unserem Gegenüber. Aber auch umgekehrt können wir unsere Gefühle durch unsere Körpersprache beeinflussen. Schlechte Stimmung lässt sich beispielsweise durch bewusstes Lächeln und eine aufrechte Haltung verbessern. Wenn wir Sprechangst haben, bedeutet dies, dass wir eine selbstsichere Körperhaltung einnehmen müssen, wenn wir unsere Angst abbauen wollen. Denn eine ängstliche Körperhaltung wird uns schließlich auch Angst spüren lassen.

ÜBUNG

## Körpersprache

- Beobachten Sie sich in entspannten Situationen. Wie sieht Ihre selbstsichere Körpersprache aus?
- Beobachten Sie auch andere „Modelle" in Ihrer Umgebung oder im Fernsehen. Wie sieht deren sichere Körperhaltung in allen Einzelheiten aus?
- Stellen Sie sich vor den Spiegel und probieren Sie genau diese sichere Gestik, diesen gelassenen Gesichtsausdruck und diese souveräne Haltung aus. Versetzen Sie sich dabei in einen Zustand der Zuversicht und des Vertrauens. Sie sind ruhig, sicher und entspannt. Sie wirken überzeugend.
- Prägen Sie sich anschließend die Merkmale Ihres selbstsicheren Auftretens ein, so dass Sie es jederzeit abrufen können.
- Wiederholen Sie die Übung mehrmals hintereinander, bis Sie im Alltag auf Kommando eine selbstsichere Körperhaltung einnehmen können. Setzen Sie dann Ihre sichere Körperhaltung in Situationen ein, in denen Sie sich unsicher fühlen. Wechseln Sie gezielt und selbstbestimmt von Unsicherheit zu Sicherheit.

## Besser kommunizieren: vokale Ebene

Die menschliche Stimme ist wohl das persönlichste und ausdrucksstärkste Mittel, das uns in der Kommunikation zur Verfügung steht. Nicht *was* wir sagen, ist für die zwischenmenschliche Beziehung von großer Wichtigkeit, sondern *wie* wir es sagen. Jeder Mensch reagiert in seiner Einstellung gegenüber seinen Gesprächspartnern spontan, intuitiv und gefühlsmäßig auf deren Stimmeigenschaften. Unsere Stimme gehört zum Ausdruck unserer Persönlichkeit – sie ist unsere Visitenkarte. Wenn wir uns von anderen falsch beurteilt fühlen oder uns diese Urteile nicht immer erklären können, sollten wir unsere stimmlichen Botschaften einmal analysieren. Je sicherer der Umgang mit der eigenen Stimme ist, umso überzeugender und sicherer werden wir auch eingeschätzt. Wenn wir Angst empfinden, spannen sich unsere Muskeln automatisch an und der Atemrhythmus beschleunigt sich. Sprechangst äußert sich dann in einer erhöhten Sprechstimmlage, einem gepressten oder zittrigen Stimmklang und einem schnellen Sprechtempo. Die Zuhörer reagieren auf solche stimmlichen Veränderungen sehr sensibel und werden vom Inhalt eines Vortrages, einer Präsentation oder einer Unterrichtsstunde abgelenkt: Die Person des Redners oder Gesprächspartners und seine Unsicherheit tritt in den Vordergrund. Sprechen mit überhöhter Stimme wird vom Hörer als Zeichen innerer Anspannung, Nervosität und nicht selten als ein Zeichen von Naivität und Inkompetenz gewertet. Nicht umsonst spricht man vom „Brustton der Überzeugung"! Auch eine zu geringe Lautstärke bewerten wir als ein Zeichen von Unsicherheit. Deshalb ist es sehr wichtig, eine passende Sprechstimmlage und eine adäquate Lautstärke zu trainieren.

### Sprechstimmlage

*ÜBUNG*

▧ Beim Kauen eines wohlschmeckenden Essens (oder der Vorstellung davon) erzeugen Sie einen bequemen, anerkennenden Brummton (mm-mm). Dieser Ton markiert die Grenze Ihres unteren Sprechtonbereiches. Prägen Sie sich diesen Ton gut ein: er stellt die so genannte *Sprechstimmlage* dar. Natürlich sprechen wir nicht nur auf einem Ton, das wäre zu monoton, sondern benutzen für Betonungen, z.B. bei Fragesätzen, auch höhere Töne. Aber unsere Stimme kehrt in entspanntem Zustand immer wieder zu dieser Lage zurück.

- Ziehen Sie den Ton nun in die Länge und gehen Sie auf Zimmerlautstärke: „M-m-m". Spüren Sie dabei die Vibration des Brustkorbes und des Gesichtes (= Brustton der Überzeugung)?
- Verlängern Sie den Ton nun zur Sprache: „mm-m, mm ... meine Damen und Herren". Sprechen Sie Aussagen, hinter denen Sie stehen, in dieser Tonlage. Achten Sie darauf, dass Sie am Ende eines Satzes in den entspannten, tieferen Stimmbereich zurückfinden.

## Lautstärke

Wer nicht in der Lage ist, seine Lautstärke beim Sprechen zu verändern, erzeugt Monotonie. Vielen Menschen ist es jedoch nicht bewusst, wenn sie zu laut oder zu leise sprechen. Sie haben sich an ihre individuelle Lautstärke gewöhnt. Stellen Sie deshalb zunächst Ihren inneren „Lautstärkeregler" ein und arbeiten Sie dabei mit einem Aufnahmegerät, um eine Kontrollmöglichkeit zu haben:

- Ziehen Sie sich in einen Raum zurück, in dem auch größere Lautstärke nicht störend wirkt. Lesen Sie einen Text erst möglichst leise, dann immer lauter vor. Suchen Sie dabei Ihre maximale Lautstärke. Lernen Sie auf diese Weise Ihr *Lautstärkespektrum* kennen.
- Wiederholen Sie diese Übung und achten Sie nun darauf, dass die Stimme im lauten Bereich tief und entspannt bleibt und um Ihre individuelle Sprechstimmlage pendelt. Eine höher werdende Stimme ist ein Zeichen für muskuläre Anspannung im Kehlkopf, wirkt auf Dauer stimmschädigend und ist unangenehm für die Zuhörer.
- Wiederholen Sie die Übung ein drittes Mal: Wie laut müssen Sie sprechen, um den Raum ganz auszufüllen, wie laut, wenn er doppelt so groß wäre und wie laut, wenn nur eine Person direkt vor Ihnen stünde? Ein Tipp am Rande: Bei Vorträgen ohne Mikrofon sollten Sie von Anfang Blickkontakt zur letzten Reihe aufnehmen. Es fällt Ihnen dann leichter, so laut zu sprechen, dass alle Hörer Sie gut verstehen können – auch diejenigen, die ganz hinten sitzen. Umgekehrt sprechen viele Redner bei Vorträgen *mit Mikrofon* zu laut. Wählen Sie immer eine angenehme Zimmerlautstärke. Die

Verstärkung bis zur letzten Reihe übernimmt die Technik, nicht Ihr Stimmapparat. Und bleiben Sie möglichst in demselben Abstand vom Mikrofon. Seit- oder Vorwärtsbewegungen vor einem fest installierten Mikrofon führen zu unangenehmen, deutlich hörbaren Schwankungen der Lautstärke.

## Trainingsbaustein 6: Systematisches Training

Sie haben nun eine Reihe wirkungsvoller Techniken gegen Sprechängste kennen gelernt, Sie haben die Trockenübungen absolviert, die in einem „Schwimmkurs" angeboten werden und wissen nun, wie man sich „im Wasser" verhalten sollte, um nicht unterzugehen. Jetzt können Sie „ins Wasser" springen, um Ihre Kenntnisse in die Praxis umzusetzen.

Hinter jedem Programm zur Verbesserung der Sprechsicherheit steht das Grundprinzip des *Handelns*. Nichtstun ist das herausragende Kennzeichen von Sprechangst. Handeln oder nicht handeln – das ist die Frage, die sich Ihnen nun stellt. Shakespeares Hamlet trödelte während des ganzen Dramas herum, ehe er endlich aufhörte, mit sich selbst darüber zu diskutieren, ob er das, was er tun wollte, wirklich tun sollte oder nicht. Oft fehlt es uns jedoch an Energie zum Handeln, denn Angst und Passivität erschöpfen mehr als die schwerste Arbeit. Sie werden jedoch bisher ungenutzte Energiequellen entdecken, wenn Sie beginnen, das zu tun, was Sie tun wollen.

## Just do it!

Wer Klavierunterricht nimmt, macht größere Fortschritte, wenn er regelmäßig übt. Beim Erlernen und Trainieren von mehr Sprechsicherheit gilt dies umso mehr, als jeder sein „Instrument" ständig bei sich trägt und die Übungsmöglichkeiten entsprechend vielfältig sind. Der letzte Trainingsbaustein stellt Ihnen eine Auswahl von Übungsmöglichkeiten vor, die Ihnen den Sprung ins „richtige Leben" erleichtern sollen. Es stellt die Verbindung zwischen Theorie und Praxis dar. Mit Hilfe dieser Techniken sollten Sie sich ein Drehbuch für Ihr Training schreiben. Später, wenn Sie nur noch wenig Lampenfieber haben, können Sie versuchen, ohne Drehbuch spontaner zu handeln und ohne Vorbereitung zu improvisieren.

## Anleitung für selbstbewusstes Auftreten

Erinnern Sie sich an einen Tag, an dem Sie selbstbewusst aufgetreten sind. Speichern Sie diesen Tag im Kopf ab und gehen Sie alle Einzelheiten immer wieder durch: Was haben Sie gesehen, gehört, gefühlt und gerochen? Wie war Ihre Körpersprache? Ihre Stimme? Was haben Sie gesagt? Schreiben Sie sich eine Anleitung für Ihr selbstbewusstes Auftreten, nach der Sie in Zukunft vorgehen wollen. Sie können damit Strategien zur Selbsthilfe, die schon in Ihnen schlummern, aktivieren und bewusst einsetzen. In der nächsten Situation, in der Sie sich unsicher fühlen, verhalten Sie sich nach diesem inneren Skript.

Suchen Sie sich auch Modelle für sicheres Sprechverhalten in Ihrer Umgebung oder in den Medien. Analysieren Sie deren Verhalten und imitieren Sie, was Ihnen daran gefällt. Sie schulen dadurch Ihre Wahrnehmung und lernen gerade an diesen Vorbildern neue Fertigkeiten, mit denen Sie Ihre Anleitung vervollständigen können.

**Rollenspiele:** Rollenspiele sind eine gute Möglichkeit, den eigenen Verhaltensspielraum zu erweitern und Handlungsalternativen zu entwickeln, zudem ermöglichen sie den Rollentausch, wodurch geübt wird, sich in einen Gesprächspartner hineinzuversetzen. Gefürchtete Situationen können im Rollenspiel vorweggenommen werden und ihre Bewältigung kann durch Wiederholung immer sicherer werden. Wer eine Rolle spielt, muss handeln, und er erfährt, wie das ist, wenn man handelt. Das „Selbst" wird durch die „Rolle" ersetzt, sodass Verhaltensweisen erlaubt sind, die normalerweise tabu sind. Und so kann ich demonstrieren, was ich tun könnte, wenn ich nicht ich wäre. Habe ich die Rolle aber erst gespielt, ist sie ein Teil von mir. Ich kann das Wissen nicht mehr löschen. Untersuchungsergebnisse haben gezeigt, dass eine Person, die eine für sie ungewöhnliche Rolle übernimmt, anschließend auch in ihren Einstellungen und Werten entsprechende Änderungen erlebt (Pollay 2012). Sprechängstliche sind in der Lage, als Akteure in einer Rolle eine sichere und überzeugende Vorstellung zu geben. Durch ihre Rolle fühlen sie sich weniger verletzbar, denn es ist ja nicht ihr wirkliches Ich, das bewertet wird. Damit sind Rollenspiele ein mächtiges Instrument zur Verhaltensänderung!

Suchen Sie sich also geeignete Trainingspartner. Mit Freunden und Bekannten, aber auch allein können verschiedene Sprechsituationen durchgespielt werden. Variieren Sie dabei die Reaktionen des Publikums. Ihre realen oder imaginären Zuhörer sollen einmal interessiert oder desinteressiert wirken. Sie können Zwischenrufe oder Fragen einbauen, sodass Sie als Redner unterschiedlich stark gefordert sind.

- *Zwei-Stühle-Spiel.* Sollten Sie alleine üben, eignet sich diese Technik, um wichtige Gespräche mit wechselnden Rollen durchzugehen und mögliche Verhaltensweisen sowie Frage- und Antwortmöglichkeiten durchzuspielen. Dabei wechseln Sie jeweils den Stuhl, versetzen sich in den entsprechenden Gesprächspartner hinein und antworten für ihn. Beispiele wären Kritikgespräche oder mögliche Fragen zu einem Bericht oder Referat und Reaktionsmöglichkeiten darauf.
- *Prüfung spielen.* Gehen Sie Prüfungsfragen, die Sie vorher auf Karteikarten gesammelt haben, nach dem Zufallsprinzip durch und trainieren Sie Ihr Antwortverhalten. Probieren Sie verschiedene Reaktionen aus und legen Sie sich Strategien zurecht, wie Sie sich verhalten wollen, wenn Sie eine Frage nicht beantworten können.
- *Bewerbungsgespräche.* Trainieren Sie die Situation eines Vorstellungsgespräches mit Freunden und Bekannten. Achten Sie dabei nicht nur auf inhaltliche Aspekte, sondern auch auf Ihr nonverbales (Sitzhaltung, Gestik, Mimik) und vokales Verhalten (Sprechstimmlage, angemessene Lautstärke).
- *Rollenwechsel.* Beim Training von Rollenspielen können Sie Ihr Probeverhalten in drei Schritten systematisch erarbeiten:

1. Sie spielen sich selbst und Ihr Trainingspartner spielt die andere Person.
2. Sie spielen die andere Person, Ihr Partner spielt Sie.
3. Sie spielen wieder sich selbst, Ihr Trainingspartner spielt die andere Person.

Durch den Rollentausch sehen Sie das Problem aus der Sicht des Gesprächspartners und können sich besser einfühlen. Vielleicht reagiert Ihr Trainingspartner ganz anders in Ihrer Rolle und Sie lernen dadurch neue Verhaltensvarianten kennen. Und schließlich können Sie es Ihrem Gesprächspartner so schwer machen, wie Sie wollen und damit Ihre schlimmsten Befürchtungen ausagieren.

**Sprechproben:** Gehen Sie eine wichtige Situation in der Vorstellung durch und nehmen Sie aktive Bewältigungsstrategien, z. B. neu formulierte Gedanken, zu Hilfe. Drehen Sie einen *inneren Film*, wie Sie die zu übende Situation erfolgreich bewältigen. Sehen Sie sich diesen Film möglichst oft an, bevor Sie wirklich sprechen müssen.

Eine Sprechprobe, die mit Rekorder oder Video dokumentiert wird, ist ein guter Angstkiller! Allein durch die Vorstellung, vor anderen sprechen zu müssen, steigen bei vielen Rednern schon während der Sprechprobe angespannte Gefühle auf, sodass der Einsatz von Techniken zur Angstkontrolle und Angstbewältigung (z. B. Atmungs- oder Entspannungstechnik) sofort trainiert werden kann. Zudem ist es oft erstaunlich, wie wenig von diesen unangenehmen Gefühlen in den Aufnahmen sichtbar oder hörbar werden. Der Sprecher wirkt sicherer als er sich fühlt!

Nehmen Sie deshalb Referate, Reden oder Statements immer zunächst auf Rekorder oder Video auf, üben Sie dann vor dem Spiegel und später vor Freunden oder Verwandten, um auch inhaltlich sicher zu werden. Checken Sie so die Dauer des Beitrages, seine Gliederung und die Schlüssigkeit Ihrer Argumentation.

Trainieren Sie die notwendige Lautstärke, denn eine laute, kräftige Stimme wirkt sicher. Testen Sie Ihr Auftreten, von der Mimik und Gestik bis zur Kleidung. Spielen Sie mit Variationen Ihres Verhaltens: Was müssen Sie tun, um sympathisch oder entschlossen zu wirken?

**Realistisch denken:** Ihre Zuhörer sind keine Wölfe, die Sie zerreißen wollen. Jeder hat das Bestreben, etwas Positives zu erleben. Die meisten sind zu Ihrem Vortrag erschienen, weil sie das Thema interessiert. Das Publikum war selbst schon einmal in der Rolle des Redners und kann sich deshalb auch in Sie hineinversetzen. Machen Sie sich klar, dass Kritik deshalb immer nur von Einzelnen geäußert wird und dass es unrealistisch ist, es allen Recht machen zu wollen. Stellen Sie die sachliche Kommunikation mit dem Publikum in den Mittelpunkt Ihrer Gedanken: Sie wollen etwas mitteilen, in Kontakt zu Ihren Zuhörern treten oder von etwas überzeugen. Das ist auch möglich, ohne von allen gemocht zu werden!

**Atmungs- und Entspannungsübungen im Alltag:** Nicht nur als Strategie zur Angstkontrolle, sondern auch zur Steigerung des Wohlbefindens können Atmung und Entspannung in den Alltag integriert werden. Nutzen Sie z. B. Wartezeiten in der Schlange im Supermarkt, im Wartezimmer des Arztes oder in der U-Bahn dafür. Sie können sich gar nicht oft genug entspannen!

**Selbstbild und Fremdbild überprüfen:** Haben Sie inzwischen akzeptiert, dass Sie kein cooler Redner sind oder ist es Ihnen immer noch lieber, als schlechter Redner dazustehen? Überprüfen Sie Ihr Selbstbild, Ihren Anspruch an sich selbst und revidieren Sie unrealistische Einstellungen.

Es beeinflusst unser Verhalten, wie andere uns sehen. Denn Veränderungen sind von unserer Umgebung nicht immer erwünscht. Unsere Umwelt hat eine feste Vorstellung von uns, sie möchte, dass wir uns selbst treu bleiben; deshalb verzeiht sie uns Fehler und Unsicherheit eher als Weiterentwicklung und neue Verhaltensweisen. Dahinter steckt das eigene Sicherheitsbedürfnis und die Angst vor eigenen Veränderungen oder Unannehmlichkeiten, die der Umgang mit einer unerwartet selbstsicheren Person erfordern könnte. Überprüfen Sie also auch das Bild, das andere von Ihnen haben!

Starre Selbst- und Fremdbilder sind häufig der Grund, warum es uns so schwer fällt, etwas in unserem Leben zu ändern.

**Vermeiden vermeiden:** Nutzen Sie jede Möglichkeit zum *Üben im Alltag*. Lassen Sie sich nicht von alten *Vermeidungsstrategien* (z. B. sich lieber schriftlich als mündlich zu beschweren) beherrschen, sondern suchen Sie solche Situationen gezielt auf, die Sie sonst meistens vermieden haben. Dabei ist es wichtig, dass Sie Ihre Ziele nicht zu hoch stecken, sondern systematisch den Schwierigkeitsgrad steigern: vom Leichten zum Schweren. Am Anfang kann ein Ziel lauten, sich so oft wie möglich an einem Gespräch in der Gruppe zu beteiligen, später ist es vielleicht der freie Vortrag vor großem Publikum. Legen Sie immer genau fest, was Sie wann, wo und wie erreichen wollen. Dabei ist es nicht wichtig, wie Sie sprechen, sondern dass Sie überhaupt sprechen!

Der Gedanke: „Es hat diese Woche für mich keine Übungsmöglichkeit gegeben, weil ich gerade Urlaub hatte etc." kann auch eine Strategie zur Vermeidung sein. Aktives Üben heißt, Sprechsituationen *zu suchen*, auch wenn Sie sich nicht automatisch im Alltag ergeben. Dies könnte so aussehen, dass Sie mit mehreren Personen im Supermarkt oder im Aufzug ein paar Sätze zu wechseln, sich telefonisch Informationen über ein Produkt verschaffen, jemanden etwas fragen oder sich freiwillig für einen Vortrag anmelden.

**Angsthierarchie nutzen:** Nachdem Sie sich eine Hierarchie der wichtigen Situationen erstellt haben (siehe Kapitel 2), müssen Sie nur noch *handeln*. Erproben Sie die einzelnen Stufen im Alltag! Stürzen Sie sich voll hinein! Nachher schätzen Sie die Resultate ein: Was hat geklappt? Was kann ich beim nächsten Mal noch verbessern? Sammeln Sie Erfolgserlebnisse und bauen Sie Ihre Vorbereitungszeit langsam ab.

Der psychologisch wirksame Effekt der Generalisierung kann Ihnen nützen, indem sich einmal erfolgreiches Verhalten plötzlich auch in anderen, bisher noch nicht trainierten Situationen zeigt. Erstellen Sie sich ein selbstständiges Trainingsprogramm. Wenden Sie die Angsthierarchie zunächst in Ihrer Vorstellung an, indem Sie innere Filme der zu meisternden Situationen drehen. Sobald eine körperliche Anspannung auftritt, können Sie die Progressive Muskelentspannung, die Atemtechnik oder Ihre veränderten inneren Sätze einsetzen. Dann gehen Sie auf die Straße!

**Reflexion der Sprechsituation:** Damit sich alte Bewertungen und Mechanismen beim Üben nicht wieder einschleichen, ist es sehr sinnvoll, Beobachtungsbögen zur Analyse einzusetzen. Die Reflexion des eigenen Verhaltens ist entscheidend für Fortschritte und Veränderungen. Die folgenden Protokollbögen sollen Ihnen dafür eine Struktur zur Bewertung geben:

## Beobachtungsbogen: Verhaltensanalyse

**Art der Sprechsituation:**

1. Wie fühle ich mich in der Situation? _____

_____

2. Wie verhalte ich mich? _____

_____

3. Wie verhalten sich andere mir gegenüber? _____

_____

4. Was sage ich in der Situation zu mir selbst, was denke ich über

   mich? _____

_____

5. Was denken die anderen meiner Meinung nach über mich?

_____

## Situationsbogen: Vermeiden vermeiden

Suchen Sie in der kommenden Woche möglichst viele Sprechsituationen auf, in denen Sie sonst geschwiegen hätten. Bitte notieren Sie mindestens eine Gesprächs- oder Sprechsituation, in der Sie selbstsicheres Verhalten zeigten.

**Kurze Beschreibung der Sprechsituationen**

1. Situation: _____

_____

2. Situation: _____

_____

3. Situation: _____

_____

**Ausprägung der Angst (0 = keine Angst/10 = sehr starke Angst)**

1. Situation _____

_____

2. Situation _____

_____

3. Situation _____

_____

**Habe ich es vermieden zu sprechen? Wenn ja, wie?**

1. Situation _____

_____

2. Situation _____

_____

3. Situation _____

_____

## Situationsbogen: Smalltalk

Führen Sie in der kommenden Woche möglichst viele Gespräche mit Unbekannten. Nutzen Sie dafür Situationen im Alltag: beim Einkaufen (z.B. sich nach etwas erkundigen), in der U-Bahn, in der Kneipe, beim Essen etc.

Der kontrollierte Dialog und die Fragetechniken können dabei helfen. Ziel ist es, zwanglos über Alltagsdinge zu sprechen. Bitte notieren Sie möglichst viele Gesprächssituationen.

1. Situation  _____

_____

2. Situation  _____

_____

3. Situation  _____

_____

## Checkliste für sicheres Reden

Diese Liste von Fragen umfasst die wichtigsten Punkte, die wir bis jetzt behandelt haben. Sie wird Ihnen Schritt für Schritt eine zuverlässige Anleitung auf dem Weg zu größerer Sprechsicherheit sein. Konzentrieren Sie sich auf die *Sprechsituation*, die Sie gerade trainieren wollen.

1. Was ist mein Ziel, was möchte ich erreichen?
2. Was würde ich üblicherweise tun, um mich vor dem Sprechen zu „drücken"?
3. Warum möchte ich das aufgeben und stattdessen sicher reden?
4. Was könnte mich daran hindern, sicher zu reden?
5. Halte ich an irrationalen Annahmen fest? Wenn ja, an welchen?
6. Wie kann ich diese Annahmen durch rationale ersetzen?
7. Welche Rechte habe ich in dieser Situation?
8. Welche Techniken zum Abbau von Sprechängsten kann ich einsetzen?

9. Bin ich gründlich vorbereitet?
10. Habe ich alle Informationen, um mein Ziel zu erreichen?
11. Welche Fähigkeiten kann ich noch trainieren, um mein Ziel zu erreichen?

**Positive Verstärker einsetzen:** Belohnen Sie sich für erreichte Ziele. Klopfen Sie sich innerlich auf die Schulter, wenn Sie eine Situation gemeistert haben. Erkennen Sie Ihre Erfolge an! Schauen Sie dabei auf das, was Sie können, nicht auf das, was Sie noch verbessern möchten. Es ist wichtiger, in einer Diskussion überhaupt etwas zu sagen als rhetorisch wohlgeformte Sätze zu bilden. In Prüfungszeiten sollten Sie sich Belohnungen für erreichte Lernziele setzen. Seien Sie gut zu sich und gönnen Sie sich etwas Besonderes. Das gilt auch, wenn sie sich in Ihrer Angsthierarchie vorgearbeitet haben. Diese Belohnungen dürfen auch materieller Art sein: ein gutes Essen, ein Kinobesuch, ein entspannendes Bad, ein Abend mit Freunden – alles, was Ihnen Spaß macht.

**Jokersätze anwenden:** Suchen Sie sich passende innere Sätze, so genannte *Jokersätze*, die Sie in Sprechsituationen anwenden, um die Angst vor der Angst gar nicht erst aufkommen zu lassen. Solch ein Satz könnte lauten: „Okay, ich kenne das Gefühl, ich werde trotzdem sprechen." oder „Ich schaffe es, mich auf das Sprechen zu konzentrieren."

Handeln ist die Voraussetzung zur Erlangung von mehr Sprechsicherheit. Ohne praktische Übungen wird sich nichts an Ihrem sprechängstlichen Verhalten ändern. Beginnen Sie mit kleinen Zielen. Widmen Sie sich zunächst Menschen und Situationen, die für Sie am wenigsten bedrohlich sind. Steigern Sie dann langsam den Schwierigkeitsgrad.

FAZIT

# 6 Stolpersteine auf dem Weg

Zum Schluss ein paar Worte zu Ihren Erfolgsaussichten beim Training *Sicher Reden*: Rechnen Sie nicht damit, dass bereits nach einem erfolgreich gehaltenen Referat Ihre Sprechangst wie weggeblasen sein wird. Es wird immer wieder Zeiten geben, in denen Sie mehr oder weniger ängstlich sein werden. Rechnen Sie mit Rückschlägen. Auch die gehören zum Leben. Der Unterschied ist jedoch, dass Sie inzwischen auf eine Palette von Bewältigungsstrategien zurückgreifen können, die Ihnen in Krisenzeiten über die schlimmsten Situationen hinweghilft.

Rechnen Sie auch nicht damit, dass eine einzige geglückte Herausforderung alle anderen, weniger anspruchsvollen Situationen aufhebt und ein weiteres Training überflüssig macht. Die *Strategie der kleinen Schritte* und der kleinen Erfolge ist dagegen realistischer. Ein Alles-oder-nichts-Anspruch an sich selbst wirkt hier nur unprofessionell. Es gibt nicht nur sicheres oder unsicheres Verhalten, sondern viele Facetten dazwischen. Ihr Verhalten schwankt auch in Abhängigkeit von Ihrer Tagesform. Als Sie tanzen lernten, haben Sie zu Beginn sicher noch etwas steif und ungelenk mit großer Konzentration die einzelnen Schritte nacheinander ausgeführt. Heute gelingt Ihnen der eine oder andere Tanz automatisch, ohne viel nachzudenken.

Möglicherweise verspüren Sie einen gewissen Unmut nach der Lektüre dieses Buches und zweifeln am Erfolg der vorgeschlagenen Vorgehensweise? „Mir gehts schlechter als vorher." und ähnliche Gedanken gehen Ihnen durch den Kopf. Das ist eine natürliche Reaktion auf die Bestandsaufnahme Ihrer Sprechangst, die zu Beginn dazu führt, dass Sie Ihre Symptome besser wahrnehmen. Ihre Wahrnehmung ist nun sensibilisiert. Vielleicht wird Ihnen jetzt erst das ganze Ausmaß Ihrer Sprechangst bewusst. Anstatt sich noch mehr zu ängstigen, können Sie sich beglückwünschen, dass Sie den ersten Schritt für eine Verhaltensänderung bereits hinter sich haben.

Wahrscheinlich wird im Laufe der Übungen ein kleiner „Wurm" auf den Plan kriechen, der Ihnen zuflüstert: „Komm, das ist doch eine blöde Übung, Du machst dich nur lächerlich." oder „Du bist eben sprechängstlich geboren, das kann man nicht ändern." oder auch „Smalltalk ist Geschwätz, das hast Du gar nicht nötig." Ich nenne dieses Tierchen *Wurm des Widerstandes*. Seine Hauptaufgabe ist die

Verteidigung lieber Gewohnheiten. Er spricht immer dann zu Ihnen, wenn Sie alte Gewohnheiten aufgeben und Neues lernen sollen, das Ihnen noch nicht vertraut ist. Denn das macht Angst, verunsichert und ist vor allen Dingen unbequem. Und er liefert Ihnen ungefragt Rechtfertigungen für Ihre Schüchternheit. Der Wurm ist daran interessiert, dass alles beim Alten bleibt. Aus den Äußerungen meiner Seminarteilnehmer kann ich oft die Sabotageversuche des Wurmes heraushören: „Dieses Rollenspiel ist ja gut und schön, aber das ist doch nicht die Wirklichkeit.", „In der kurzen Zeit kann ich eh' nichts Vernünftiges sagen." und „Ich weiß gar nicht, worüber ich reden soll." Genau darin liegt auch die große Gefahr: Am Ende wird von manchem Sprechängstlichen über lauter Ausreden das eigentliche Problem vergessen und allgemeinen Ursachen zugeschrieben. So bildet sich eine Weltsicht voller Groll, Verbitterung und Menschenfeindlichkeit heraus. Deshalb nehmen Sie den „Wurm" ernst, diskutieren Sie mit ihm und verscheuchen Sie ihn, wenn Sie mögen. Und vergessen Sie nicht, sich für jeden Erfolg zu loben. „Eigenlob stinkt." sagt der kleine „Wurm". Aber das stimmt nicht. Je stärker unsere Sprechangst ist, umso mehr werten wir uns selbst innerlich ab. Die meisten von uns haben also einen kleinen Nachholbedarf an Lob und Anerkennung der eigenen Leistungen. Fragen Sie sich, was Sie schon erreicht haben, nicht, was Sie noch nicht können! Dazu noch eine Übung, um Ihre positiven Seiten einmal ins rechte Licht zu rücken:

## Ihre positiven Seiten

ÜBUNG

Wenn Sie eine besondere Persönlichkeit wären, die im Fernsehen interviewt werden soll, wie würde der Moderator Sie dann den Zuschauern ankündigen? Wie würde er Sie vorstellen?

## Aber bitte mit Humor!

Entspannung und Angst sind unvereinbare Reaktionen. Ebenso Lachen und Angst. Lachen wirkt befreiend. Humor ist deshalb eine hilfreiche Strategie in der Angsttherapie. So entschärfen z. B. humorvolle Visualisierungen die Redesituation vor Publikum. Früher sollte man sich sein Publikum in Unterhose vorstellen, damit es menschlicher, vielleicht sogar lächerlich wirkt und so seine ängstigende Wirkung verliert. Durch die humorvolle *Übertreibung* unserer Fehler und unseres Unvermögens oder der Reaktionen unseres Publikums in unserer Phantasie bekommen wir Distanz zum Geschehen. Einen Schritt hinter sich zu treten, kann befreiend wirken, besonders wenn Sie über Ihre eigene Ängstlichkeit – trotz des Leidensdrucks – auch lachen können. Wenn Sie dazu neigen, rot zu werden, könnten Sie sich z. B. mit dem Slogan „Lieber rot als tot." zum Schmunzeln bringen. Wenn es Sie stört, dass alle Sie anstarren und dies ein Auslöser für Ihre Sprechangst ist, stellen Sie sich Ihr Publikum doch einmal blind oder mit verbundenen Augen vor. Oder haben Sie so langweilig gesprochen, dass alle schon eingeschlafen sind? Die Köpfe der Zuhörer in der ersten Reihe rutschen auf die Schultern ihrer Nachbarn und der eine oder andere lässt schon das Kinn nach unten fallen und ein lautes Schnarchen hören.

Auch *Paradoxe Verschreibungen* (Frankl 1968), bei denen man sich das Verhalten fest vornimmt, das einen eigentlich stört, sind ein gutes Mittel zur Erlangung innerer Distanz zu den eigenen Ängsten. Wenn Sie unter starker Schweißproduktion in öffentlichen Situationen neigen, könnten Sie sich beispielsweise sagen: „Heute will ich einmal richtig schwitzen, sodass die Schwitzflecken bis zum Gürtel runterreichen!" Solche Verschreibungen sind hilfreich, denn die angstmindernde Wirkung ist sofort spürbar: Indem Sie sich erlauben, das zu tun, wovor Sie sonst so große Angst haben.

Es entspannt auch, miteinander zu lachen. In Amerika ist es gang und gäbe, einen Vortrag mit einem Witz, einem lustigen Comic oder Ähnlichem zu beginnen. In die aufgelockerte Atmosphäre gemeinsamen Lachens hinein spricht es sich leichter. Die Voraussetzung dafür ist allerdings, dass der Witz auch vom Publikum verstanden wird, sonst riskieren Sie, allein zu lachen …

Bernd Pfarr

Als Bruno sah, dass sein Publikum
an diesem Abend aus Hunderten von
Großwildjägern bestand, die ihre
geladenen Flinten mitgebracht hatten,
beschloss er diesmal besser auf seinen
Song „Großwildjäger sind dumm,
hässlich und riechen ausgesprochen
schlecht" zu verzichten.

# Schlusswort

Ich hatte mir mit diesem Buch vorgenommen, den Schleier ein wenig zu lüften, der Sprechängste umhüllt. Sprechängste belasten nicht nur private Beziehungen, sie stören auch im Berufsleben und können sogar brillante Karrieren gefährden. Wer sich dieser Probleme bewusst ist und die innewohnenden Mechanismen begreift, wird ihnen nicht mehr hilflos ausgeliefert sein.

Sie haben nun viele wirksame Techniken kennen gelernt, wie Sie Ihre Angst besser analysieren und sich selbst positiv verändern und weiterentwickeln können.

Die Entscheidung liegt nun bei Ihnen, diese Techniken zu nutzen!

Mein besonderer Dank gilt meinen Seminarteilnehmern für die aktive Mitarbeit und den Mut, den jede und jeder Einzelne von ihnen aufgebracht hat, um sich über seine Sprechängste mit mir zu unterhalten und sich auf Veränderungsprozesse einzulassen.

# Literatur

Beushausen, U. (2009): Sprechangst. Ratgeber für Betroffene, Therapeuten und Angehörige pädagogischer Berufe. Schulz-Kirchner, Idstein

Beushausen, U. (1996): Sprechangst. Erklärungsmodelle und Therapieformen. Beiträge zur psychologischen Forschung. Westdeutscher Verlag, Wiesbaden

Blöte, A. W., Kint, M. J. W., Miers, A. C., Westenberg, P. M. (2009): The Relation between Public Speaking Anxiety and Social Anxiety: A Review. Journal of Anxiety Disorders 23 (3), 305–313

Consbruch, K. von, Stangier, U. (2010): Ratgeber soziale Phobie. Informationen für Betroffene und Angehörige. Hogrefe, Göttingen

Daley, J., McCroskey, J., Ayres, J., Hopf, T., Ayres-Sonandre, D., Wongprasert, T. K. (Eds.) (2009): Avoiding Communication: Shyness, Reticence, and Communication Apprehension. Hampton Cresskill/NJ

Frankl, V. E. (2007): Theorie und Therapie der Neurosen. Einführung in Logotherapie und Existenzanalyse. 9. Aufl. Ernst Reinhardt, München/Basel

Haubl, R., Spitznagel, A. (1983): Diagnostik sozialer Beziehungen. In: Groffmann, K.-J., Michel, L. (Hrsg.): Enzyklopädie der Psychologie: Verhaltensdiagnostik, Bd. 4. Hogrefe, Göttingen

Hsu, C.-F. (2009): Treatment Assessment of Communication Apprehension: Meta-Analytic Review. In: Daley, J., McCroskey, J., Ayres, J., Hopf, T., Ayres-Sonandre, D., Wongprasert, T. K. (Eds.) (2009): Avoiding Communication: Shyness, Reticence, and Communication Apprehension. Hampton Cresskill/NJ, 257–275

Horwitz, B. (2002): Communication Apprehension, Origins and Management. Thomson Learning, Albany

Jacobson, E. (1938): Progressive Relaxation. University of Chicago Press, Chicago

Kagan, J., Snidman (1991): Temperamental Factors in Human Development. American Psychologist 46 (8), 856–862

Kriebel, R. (2014): Sprechangst. In: Grohnfeldt, M. (Hrsg.): Grundwissen der Sprachheilpädagogik und Sprachtherapie. Kohlhammer, Stuttgart, 259–268

Krohne, H. W., Schuhmacher, A., Egloff, B. (1992): Das Angstbewältigungs-Inventar (ABI). Mainzer Berichte zur Persönlichkeitsforschung 41

McCroskey, J. C., Richmond, V. P., McCroskey, L. L. (2009): Willingness to Communicate, Communication Apprehension, and Self-Perceived Communication Competence: Conceptualization and Perspectives. In: Daley, J., McCroskey, J., Ayres, J., Hopf, T., Ayres-Sonandre, D., Wongprasert, T. K. (Eds.) (2009): Avoiding Communication: Shyness, Reticence, and Communication Apprehension. Hampton Cresskill/NJ, 79–128

Piaget, J. (1989): Gesammelte Werke. Klett-Cotta, Stuttgart
Pollay, A. (2012): Redeangst abbauen: Entwicklung, Durchführung und Evaluation eine integrativen Trainings. Diplomica, Hamburg
Pull, C. B. (2012): Current Status of Knowledge on Public-Speaking Anxiety. Current Opinion Psychiatry 25, 32–38

Ullrich de Muynck, R., Ullrich, R. (1976): Das Assertiveness Trainings-Programm ATP: Anleitung für den Therapeuten. Teil I: Diagnose und Therapie sozialer Störungen, Teil II-III: Einübung von Selbstvertrauen und sozialer Kompetenz. Pfeiffer, München

# Stimmstörungen bei Kindern therapieren

Ulla Beushausen / Claudia Haug
**Stimmstörungen bei Kindern**
(Praxis der Sprachtherapie und
Sprachheilpädagogik; 6)
2011. 253 Seiten. 37 Abb. 8 Tab.
(978-3-497-02204-5) kt

Dieses Buch vereint kompakt und übersichtlich Theorie und Praxis zur Therapie kindlicher Stimmstörungen. Es behandelt die physiologischen und pathophysiologischen Grundlagen kindlicher Stimmstörungen und mögliche Ursachen.

Der Leser erhält u.a. konkrete Anleitung zu Anamnese und Befunderhebung, einen Überblick über gängige Therapieansätze sowie Hinweise zu Einzel- und Gruppentherapie.

www.reinhardt-verlag.de

# Coaching für eine wirkungsvolle Stimme